Redes de cooperação empresarial

B184r Balestrin, Alsones.
　　　　Redes de cooperação empresarial : estratégias de gestão na nova economia / Alsones Balestrin, Jorge Verschoore. – 2. ed. – Porto Alegre : Bookman , 2016.
　　　　xv, 183 p. ; 25 cm.

　　　　ISBN 978-85-8260-397-0

　　　　1. Redes de cooperação - Empresas. 2. Administração de empresas. I. Verschoore, Jorge. II. Título.
　　　　　　　　　　　　　　　　　　　　　　　　　　CDU 658.114.5

Catalogação na publicação: Poliana Sanchez de Araujo – CRB 10/2094

ALSONES BALESTRIN
JORGE VERSCHOORE

Redes de cooperação empresarial

2ª EDIÇÃO

ESTRATÉGIAS DE GESTÃO NA **NOVA ECONOMIA**

bookman

2016

© Bookman Companhia Editora Ltda., 2016

Gerente editorial: *Arysinha Jacques Affonso*

Colaboraram nesta edição:

Capa: *Paola Manica*

Editoração: *Clic Editoração Eletrônica Ltda.*

Reservados todos os direitos de publicação à
BOOKMAN EDITORA LTDA., uma empresa do GRUPO A EDUCAÇÃO S.A.
Av. Jerônimo de Ornelas, 670 – Santana
90040-340 – Porto Alegre – RS
Fone: (51) 3027-7000   Fax: (51) 3027-7070

Unidade São Paulo
Av. Embaixador Macedo Soares, 10.735 – Pavilhão 5 – Cond. Espace Center
Vila Anastácio – 05095-035 – São Paulo – SP
Fone: (11) 3665-1100   Fax: (11) 3667-1333

SAC 0800 703-3444 – www.grupoa.com.br

É proibida a duplicação ou reprodução deste volume, no todo ou em parte, sob quaisquer formas ou por quaisquer meios (eletrônico, mecânico, gravação, fotocópia, distribuição na Web e outros), sem permissão expressa da Editora.

IMPRESSO NO BRASIL
PRINTED IN BRAZIL

Autores

ALSONES BALESTRIN

Pós-doutorado na HEC – Montreal/Canadá. Dupla titulação de doutorado: em Administração, pela Universidade Federal do Rio Grande do Sul, e em Ciências da Informação e Comunicação, pelo Instituto de Comunicação e Novas Tecnologias da Universidade de Poitiers/França. Professor do Programa de Pós-Graduação em Administração da Universidade do Vale do Rio dos Sinos (Unisinos), onde ministra a disciplina de gestão de redes e relações interorganizacionais para os cursos de mestrado e doutorado. Desde 2007 atua como professor associado ao Instituto de Administração de Empresas da Universidade de Poitiers/França. Um dos líderes do GeRedes (Grupo de Estudos em Redes e Relações Interorganizacionais – Unisinos/CNPq). É diretor de Pesquisa e Pós-Graduação na Unisinos, onde tem liderado a estruturação do sistema de pesquisa, desenvolvimento e inovação, bem como, a criação de cinco institutos tecnológicos. Bolsista de produtividade de Pesquisa/CNPq. Autor de diversos artigos científicos sobre o tema de redes e relações interorganizacionais, publicados em periódicos nacionais e internacionais. Tem interesse nos temas sobre redes de cooperação, estratégias interorganizacionais e inovação.

JORGE VERSCHOORE

Economista, mestre e doutor em Administração pela Universidade Federal do Rio Grande do Sul. Pós-doutor pela Universidade da Califórnia em Berkeley. Professor do Programa de Pós-Graduação em Administração da Universidade do Vale do Rio dos Sinos (Unisinos), onde ministra a disciplina de administração estratégica nos cursos de mestrado e doutorado. Professor associado ao Institut d'Administration des Entreprises da Universidade de Poitiers na França. Um dos líderes do GeRedes (Grupo de Estudos em Redes e Relações Interorganizacionais – Unisinos/CNPq). Antes de atuar no campo acadêmico, foi um dos criadores e coordenador por seis anos do nacionalmente premiado Programa Redes de Cooperação do Governo do Estado do Rio Grande do Sul, no qual auxiliou a formar mais de 200 redes de empresas. Autor de livros, capítulos e artigos científicos publicados em periódicos nacionais e internacionais. Seus principais temas de interesse são as estratégias colaborativas, a governança e gestão das redes de empresas, as relações interorganizacionais e a análise de redes sociais.

Apresentação da primeira edição

A nova economia da sociedade do conhecimento traz na sua essência a ênfase definitiva da visão e do *know-how* estratégicos em nível global sobre as capacidades táticas em nível local. A vantagem estratégica no cenário atual resulta, então, da habilidade das empresas em dominarem os fluxos de informação, terem amplitude de manobra e uma multiplicidade de interações em um mundo em permanente mudança. Certamente, tal vantagem competitiva dificilmente será sustentada por aquelas empresas que buscam, de forma isolada, controlar o seu *estoque* de informações ou desenvolver suas competências distanciadas das transformações globais.

Ora, o que é a informação senão o resultado da interação entre uma empresa e o seu ambiente, conforme se denomina nos conceitos da inteligência econômica? A obsessão de proteger a informação por meio da edificação de fortalezas e outras barreiras dispendiosas em termos de tempo e recursos torna-se a maneira mais certa de ser vencido pelos acontecimentos, pelo simples fato do tempo corroer a informação mais rapidamente do que o período necessário para a edificação obsessiva dessas defesas, definitivamente ilusórias! Também salienta-se que não é somente a informação em tempo real que importa, mas o seu uso com imaginação que faz a diferença numa competição econômica cada vez mais imprevisível e feroz.

O tempo do planejamento tranquilo, a partir de uma visão sólida, real e total da realidade, tornou-se uma falsa segurança, igual à imaginação de querer parar o curso de um pequeno riacho esforçando-se em aprisionar a água em sua mão! Do mesmo modo, querer ter o conhecimento completo sobre uma situação, atuando de forma individual, não deixa de ser uma utopia perigosa para uma organização. Nesse sentido, a utilidade central das redes é proporcionar uma visão panorâmica no ambiente de negócios, sustentando assim, a capacidade de ação e de reação rápida mediante a possibilidade de alterar a disposição dos membros e complementar suas competências.

Primeiramente é necessário ter clareza sobre a natureza efetiva do projeto das organizações às quais pertencemos ou às quais somos responsáveis. Para o filósofo Sêneca, *não existe vento favorável para o marinheiro que não sabe aonde vai*! Nesse momento, convém evitar o pensamento em poder ganhar o jogo competitivo somente contando com as próprias forças, sem participar de outros movimentos conjuntos, de outras redes. Disso surge uma resposta à simples pergunta sobre a origem da informação, fonte essencial da melhoria dos conhecimentos e da capacidade de ação: **da interação**, pelo fato de ser ela que faz a informação viver, enquanto o isolamento e a pretensão de autossuficiência é que vão matá-la!

A informação não é um bem raro, está – à título potencial – por toda a parte: nos clientes, nos fornecedores, nos concorrentes e também – mesmo muitas vezes negligenciada – no cérebro e nas práticas dos funcionários das organizações. Separar, compartimentar ou aprisionar a informação na cabeça das pessoas ou na empresa, é privar, ela mesma, de seus próprios recursos. A vantagem estratégica numa sociedade onde o conhecimento faz cada dia mais a diferença exige o foco nos dispositivos criadores de informação, devendo responder a dois critérios que, de acordo com Manuel Castells[1], proporcionam o valor e o desempenho das redes: a *coerência*, ou seja, a existência e concordância em objetivos comuns entre os participantes de uma rede, e a *conectividade*, que consiste na capacidade dos diferentes membros da rede comunicar-se de forma rápida e eficaz.

Além da sua capacidade em revelar e "processar" a informação, uma rede é uma fonte de conhecimento, pois sem o suporte humano em um processo de interação, o conhecimento não vai além de um estoque de informação ou dados remotos. Ou seja, o conhecimento, frequentemente tácito e desestruturado, não existe fora do *know-how* prático daqueles que vão colocá-lo em ação. Diante disso, para Ikujiro Nonaka[2], um dos maiores expoentes das teorias sobre criação de conhecimento organizacional, o conhecimento tácito torna-se explícito e visível, consequentemente transmissível, pela socialização coletiva entre indivíduos em torno de um projeto comum, que não é algo decretado, mas gerado conjuntamente. Tal fato torna obsoletas algumas formas de gestão baseadas no slogan *"comando & controle"*, em benefício do slogan *"estimule & energize*[3]*"* que é manifestado em certas organizações japonesas!

Assim, um dos principais benefícios das redes é prover um ambiente de aprendizado coletivo, por meio da interação entre indivíduos além das fronteiras das empresas. A socialização de conhecimento sobre técnicas de produção, mercado, novos produtos, tecnologias e gestão tem causado significativas mudanças, sobretudo, por meio de inovações de produtos e processos. Estudos têm identificado que as redes funcionam com um espaço de efetiva complementaridade de conhecimentos promovendo uma plataforma para o aprendizado colaborativo entre empresas. Outro efeito da rede sobre

---

[1]CASTELLS, M. *A sociedade em rede*. São Paulo: Paz e Terra, 1999.
[2]NONAKA, I; NISHIGUCHI, T. *Knowledge emergence*. New York: Oxford, 2001.
[3]FAYARD, P. *Le réveil du samouraï*: culture et stratégie japonaises dans la société de la connaissance. Paris: Dunod, 2006.

a capacidade colaborativa de criação de novos conhecimentos diz respeito à confiança estabelecida por meio de relacionamentos repetitivos e duradouros. Em um ambiente de confiança entre empresários e gestores, as conversas ficam mais abertas em termos de oportunidades e desafios para o futuro do negócio. Assim, a inteligência coletiva na análise do contexto e no processo decisório tem a capacidade de gerar escolhas mais satisfatórias em relação ao processo realizado de forma individual.

A rede potencializa a *aptidão estratégica* das empresas. Ao envolver as experiências e habilidades coletivas ocorre uma excelente oportunidade de aprendizado sobre os objetivos e as estratégias a serem adotadas e colocadas em prática. Estudos têm demonstrado que o aprendizado coletivo através das redes desenvolve a capacidade de análise estratégica das empresas, partindo de uma visão local, reativa e de curto prazo, para uma visão sistêmica, proativa e de longo prazo. Tais evidências demonstram que, principalmente no caso das pequenas e médias empresas, usualmente em desvantagens frente as grandes empresas transnacionais, podem ter sua eficácia estratégica fortalecida por meio de ações coletivas e em rede. Tal cenário exige uma transformação das tradicionais organizações hierárquicas e fechadas para estruturas flexíveis e dinâmicas. É nesse contexto que as redes de cooperação empresariais surgem como umas das principais alternativas gerenciais para lidar com os desafios dessa nova economia. No entanto, por mais que as redes empresariais possam gerar ganhos coletivos, o desafio que se apresenta aos indivíduos e, em especial, aos gestores de organizações, é como colocá-las em prática!

Diante desse desafio vital para as organizações contemporâneas, o presente livro tem a enorme vantagem de proporcionar ao leitor o entendimento da origem, da necessidade, dos benefícios e, sobretudo, dos fatores que contribuem para a criação e a gestão de redes. O livro decorre de mais de uma década de pesquisas e experiências práticas conduzidas por Alsones Balestrin (o qual eu tive a honra de co-orientar a sua tese de doutorado franco-brasileira) e Jorge Verschoore (um dos responsáveis pela criação de centenas de redes empresariais no Sul do Brasil) para, não somente contribuir na compreensão do complexo fenômeno das redes colaborativas, mas também oferecer perspectivas muito concretas de como colocá-las em prática. Os autores estiverem envolvidos em uma série de pesquisas no contexto nacional e internacional (Brasil, França, Canadá e Estados Unidos) para estudar as redes empresariais. Também estiveram engajados diretamente com a criação de mais de 200 redes de cooperação no Estado do Rio Grande do Sul e na realização de congressos em nível regional e nacional sobre o tema. Nessa obra os leitores poderão aprofundar o tema de redes empresariais, de maneira lógica e sequencial, em uma abordagem de construção cumulativa do conhecimento, sendo que na parte inicial são desenvolvidos os conceitos, na parte intermediária os ganhos coletivos e na parte final são apresentados os aspectos de formação e gestão das redes. O livro também traz dezenas de casos nacionais e internacionais de redes e de empresas como, por exemplo, a Toyota, a Zara e a Rede IGA líderes em seus segmentos e que utilizam estratégias colaborativas como base do modelo de negócio.

Para mim é um prazer, mas, sobretudo, uma honra de fazer a apresentação de um livro de pesquisadores sinceros e honestos, que não temeram a entrega a um exaustivo trabalho, animados por um autêntico desejo de desenvolver conhecimentos de gestão ao serviço das organizações brasileiras. O leitor não perderá o seu tempo, mas, certamente, ganhará ao dispor de uma visão aprofundada dessa verdadeira revolução gerencial, formada pela realidade e pela expansão das redes de cooperação tanto em nível das pequenas, das médias e das grandes empresas. A todos desejo uma boa leitura desta obra e sobretudo os melhores estímulos para concretizar essas novas transformações junto às organizações contemporâneas!

Pierre Fayard
Poitiers/França, maio de 2008

Professor da Universidade de Poitiers-França. Autor, entre outros livros, de **Compreender e aplicar Sun Tzu. O pensamento estratégico chinês** (Bookman, Porto Alegre, 2006) e de **O Inovador Modelo Japonês de Gestão do Conhecimento.** (Bookman, Porto Alegre, 2010).

Prefácio

Oito anos se passaram desde o lançamento da primeira edição do livro *Redes de Cooperação Empresarial*. Oito anos não parece muito tempo. São apenas dois ciclos de governo, duas copas do mundo, duas olimpíadas e, para o público acadêmico brasileiro, duas avaliações quatrienais da Capes. Mas, no rápido e dinâmico contexto das redes, oito anos é suficiente para evoluções marcantes. Em 2008, o Facebook ainda não havia quebrado a barreira dos 100 milhões de usuários e era muito pouco utilizado pelos brasileiros. Em 2016, 100 milhões de brasileiros utilizam o Facebook. Em 2008, o Twitter não tinha chegado a marca de 1 bilhão de *tweets*. Dois anos depois, essa transformou-se na marca mensal e, em 2016, ela virou semanal. Em 2008, as conexões por *smartphones* eram lentas e a tecnologia 3G estava sendo lançada. Serviços como o do WhatsApp só vieram a ser criados e disseminados dois anos depois.

Em 2008, o fenômeno da economia do compartilhamento (*sharing economy*) começava a se materializar em empreendimentos robustos. Ícones da dirupção de modelos de negócios tradicionais, como o Airbnb e o Uber, lançados respectivamente em 2008 e 2009, estavam sendo criados e apoiados pelos capitalistas de risco do Vale do Silício. No mesmo período, disseminava-se a importância do recurso das multidões por meio das iniciativas de *crowdsourcing* e *crowdfunding*. A principal plataforma de *crowdfunding*, Kickstarter, por exemplo, foi lançada em 2008. Oito anos depois, o Kickstarter já superou 1 bilhão de dólares em financiamento o de novos projetos e o Airbnb está em 190 países com mais 1,5 milhão de ofertas de quartos, apartamentos, casas, castelos e até ilhas para compartilhamento.

Os últimos oito anos foram igualmente significativos para a expansão da cooperação entre empresas. Especialmente no que se refere às chamadas redes ou centrais de negócios, a evolução dos números também foi marcada pela maturidade das iniciativas. Em 2008, o fenômeno das redes de cooperação já havia recebido um grande impulso no Rio Grande do Sul com o programa de apoio do governo estadual, lançado no ano 2000. Desde então, houve a disseminação da ideia em todo o país. Em 2011, por exemplo, o mapeamento das redes e centrais de negócios brasileiras feito pelo

Sebrae apontou a criação de mais de 1.000 iniciativas em dezenas de segmentos distintos. O crescimento motivou a organização de um encontro anual específico que as reúne para discutir avanços e desafios. Em 2015, o Encontro Nacional de Redes e Centrais de Negócios chegou a sua sexta edição, demonstrando que as dúvidas sobre as formas e as vantagens da cooperação em rede já foram superadas e que novas questões sobre o crescimento das iniciativas e a complexidade de seu gerenciamento despontam no horizonte.

Tão marcante quanto esses fenômenos foi o avanço e o crescimento do campo de estudos sobre redes e relações de cooperação, no Brasil e no exterior. Nestes últimos oito anos, o tema recebeu crescente interesse em pesquisas, dissertações e teses de doutorado, sendo pauta de debate nos principais congressos científicos internacionais e objeto central de inúmeras chamadas de artigos nas mais prestigiadas revistas científicas globais. Conferências internacionais organizadas pela Academy of Management, Strategic Management Society, European Group for Organizational Studies e conferências nacionais organizadas pela Associação Nacional de Pós-Graduação e Pesquisa em Administração, mantêm fóruns específicos para redes e estratégias cooperativas.

No final dos anos 1990, quando nós começamos a pesquisar e escrever sobre o tema, compartilhando o interesse sobre o fenômeno das redes de cooperação com outros ilustres colegas brasileiros, como o professores Nelson Casarotto, João Amato Neto, Francisco Teixeira, Valmir Emil Hoffmann, Walter Bataglia, Charles Kirschbaum, Horacio Hastenreiter, Maurício Reinert, Sérgio Lazzarini e, na sequência, com outros pesquisadores como Ingridi Bortolaso, Vivian Sebben, Fabiane Brandt, Serje Schimitd, Kadígia Faccin, Ernesto Giglio, Cleber Carvalho, Mario Sacomano Neto, João Maurício Boaventura, Marco Pinheiro, Breno Diniz Pereira, Douglas Wenger, José Antunes Jr, Rosiléia Milagres, Aldo Callado, Peter Bent Hansen, Renato Telles, Cristiano Monteiro, entre tantos, não tínhamos ainda a dimensão que o tema viria a alcançar nos contextos acadêmico e empresarial. O campo de estudos, especialmente no Brasil, era ainda pantanoso e a literatura internacional fazia referência a casos e experiências, especialmente europeias, que pouco tinham relação com a nossa realidade nacional.

Naquele cenário, brotou a primeira edição do livro, especialmente motivado pela necessidade de aprofundar o tema, abordando casos de redes e empresas nacionais, ao mesmo tempo em que buscava contextualizar a literatura internacional. O objetivo da obra era oferecer para o público acadêmico e empresarial uma construção lógica de teorias, conceitos e casos práticos. O trabalho nasceu no esteio de um grande esforço de pesquisa, a partir das teses de doutorado dos autores, projetos de pesquisa e vivência prática na construção e coordenação de políticas públicas destinadas ao fortalecimento da cooperação empresarial junto ao Estado do Rio Grande do Sul. Além do arcabouço conceitual, a obra ofereceu uma atenção especial à gestão de redes de cooperação, tanto nos aspectos estratégicos, quanto nos instrumentos pragmáticos de governança das redes.

A maior recompensa pelo esforço foi instigar mentes inquietas e curiosas no interesse de avançar o debate e o entendimento sobre o fenômeno das redes de cooperação. O alcance da publicação proporcionou enorme interação com o público leitor, sejam eles alunos nos diversos níveis acadêmicos ou empresários e interessados em geral. Aprendemos muito nesses anos com as críticas e os *feedbacks* dos leitores, que colaboraram para o avanço das ideias apresentadas. Em 2009, o livro foi escolhido entre os dez finalistas do Prêmio Jabuti, na área de economia e administração no Brasil, o que colocou ainda mais combustível para avançarmos em projetos, pesquisas e na concepção deste novo projeto. Como vimos que oito anos é um longo período na área das redes de cooperação, uma nova edição formatada aos tempos "atuais" se fez necessária.

Nesta segunda edição o leitor encontrará uma profunda revisão e atualização da obra, acrescentando novos elementos conceituais e casos práticos. Na perspectiva conceitual, esta edição traz novos debates, como a cooperação por meio de alianças estratégicas, *joint ventures*, projetos interorganizacionais. Além disso, os temas já abordados foram aprofundados, atualizados e complementados com os recentes avanços contribuições teóricas. Não obstante, como o fenômeno estimula e renova constantemente as iniciativas nos contextos de negócios, promovemos a inclusão de mais de uma dezena de casos que ilustram os conceitos trabalhados e servem de exemplos didáticos para gestores e empresários e alunos, nas atividades acadêmicas de formação de pesquisadores e profissionais de redes de cooperação.

Cabe-nos, portanto, saudar e prestar um fraternal agradecimento a todos que, direta ou indiretamente, nos ajudaram a construir e renovar esta obra. Em especial, gostaríamos de agradecer aos alunos, professores e funcionários da Unisinos, da Escola de Gestão e Negócios e do Programa de Pós-Graduação em Administração, os quais sustentam um dos mais longos e profícuos núcleos de pesquisa e ensino em redes de cooperação. Somos igualmente gratos aos colegas que mantêm a força dos programas e políticas de apoio à cooperação tanto no governo do Estado do Rio Grande do Sul, quanto nas sedes do Sebrae distribuídas em todo do país. Tivemos a felicidade de contar com o apoio institucional e financeiro da Capes, que nos proporcionou uma rara experiência de atualização e enriquecimento conceitual durante nossos períodos de pós-doutoramento na HEC em Montreal e na Universidade da Califórnia em Berkeley. Não poderíamos deixar de agradecer aos exímios profissionais da editora Bookman, que, em todos os momentos de elaboração das duas edições, trabalharam com afinco para dar a excelência esperada de uma publicação do Grupo A.

Ao fim, novamente nos dirigimos a vocês leitores, agradecendo a oportunidade de compartilhar conhecimento e travar um enriquecedor diálogo nesse instigante mundo das redes de cooperação.

Alsones Balestrin & Jorge Verschoore

Sumário

Parte I
Conceitos

    1 A organização e as transformações econômicas recentes 3
    2 A cooperação entre organizações. 13
    3 Estratégias coletivas 25
    4 Cooperação por meio de díades e tríades 39
    5 Redes de cooperação 51
    6 Principais configurações de redes de cooperação empresarial. 69
    7 A rede como uma nova organização 81

Parte II
Ganhos competitivos

    8 Ganhos competitivos das redes de cooperação 95
    9 Conhecimento e aprendizagem coletiva 107
    10 Inovação colaborativa 117

Parte III
Gestão de redes de cooperação

    11 Estabelecendo redes de cooperação 135
    12 Gestão de redes de cooperação 147
    13 Instrumentos para a gestão de redes de cooperação 157

        Referências. 171

        Índice 181

Parte I
Conceitos

A primeira parte deste livro tem como objetivo levar o leitor à compreensão das origens e dos fundamentos do fenômeno das redes de cooperação, buscando lançar luz sobre os seguintes pontos:

1. Transformações econômicas recentes e limitações ao modelo da grande empresa industrial.
2. Características da nova competição.
3. Cooperação utilizada de maneira estratégica para o desempenho de organizações.
4. Explicação da teoria dos jogos para a emergência da cooperação entre organizações.
5. Limitações da estratégia de atuação individual perante os novos desafios do cenário de negócios.
6. Estratégias coletivas e sua contribuição para o aumento da competitividade.
7. Origem das redes de cooperação.
8. Tipologias de redes de cooperação existentes.
9. Semelhanças e diferenças entre os diferentes arranjos coloaborativos.
10. Redes de cooperação como uma nova forma organizacional.
11. Promoção de redes de cooperação no contexto nacional e mundial.

1
A organização e as transformações econômicas recentes

As transformações econômicas do século XX

Os livros mais vendidos na área de negócios reiteram a importância das transformações econômicas ocorridas nas últimas décadas, com o surgimento de um novo padrão competitivo global. Tais modificações, verificadas desde o final do século XX, exercem até hoje forte influência nas readequações estruturais das pequenas, médias e grandes empresas.

Contudo, essa necessidade de readequação não é um fenômeno exclusivo das últimas décadas. O período compreendido entre 1850 e 1920, principalmente na América do Norte, foi marcado por um conjunto de transformações socioeconômicas que favoreceram o surgimento da grande empresa industrial do século XX. A expansão territorial e o crescimento dos mercados nos Estados Unidos, a utilização de novas fontes de energia, com o advento da eletricidade e a introdução do motor a explosão, foram determinantes para o surgimento de novas formas de organização. Aliados a isso, as guerras e os esforços nacionais precipitaram ainda mais as mudanças.

Paralelamente, a construção e operação de ferrovias durante a expansão territorial norte-americana serviram de impulso para a ascensão de modernas formas administrativas, por três razões. Em primeiro lugar, as estradas de ferro ampliaram o volume e a velocidade do fluxo de transporte de matéria-prima para as fábricas e delas para o consumidor final. As ferrovias foram também responsáveis pelo desenvolvimento do sistema de comunicação por telégrafo, visto que seus administradores necessitavam acompanhar o fluxo de bens em toda a sua extensão. Por fim, coube a seus executivos a criação e implementação dos sistemas de gestão, posteriormente indispensáveis à produção em massa (BEST, 1990).

Entre a segunda metade do século XIX e as duas primeiras décadas do século XX, o conjunto de fenômenos socioeconômicos que se desenrolaram tornou possíveis as modificações estruturais que romperam com a administração tradicional até então adotada. As organizações de grande porte tomaram o lugar da pequena empresa em todos os setores nos quais a ampliação da escala e a coordenação administrativa possibilitavam reduções de custos, maior produtividade e a consequente elevação dos lucros. A internalização das atividades em empreendimentos de grande porte gerava vantagens como a rotinização das tarefas, o controle da produção e a intensificação da especialização e da divisão do trabalho, determinando, assim, reduções de custos e acréscimos de produtividade.

O surgimento do capitalismo gerencial

Uma vez percebidas as diversas vantagens de internalizar as atividades produtivas em uma única estrutura empresarial, desenvolveu-se na economia norte-americana um intenso processo de integração de empresas mediante fusões e aquisições. Essa contínua integração dos negócios exigiu também a criação de instrumentos gerenciais capazes de planejar, coordenar e monitorar as atividades ao longo do processo produtivo. As principais características desse processo eram a centralização do controle decisório, resultante da necessidade de coordenar as múltiplas atividades, a especialização das principais funções e a divisão da estrutura em departamentos. Os organismos que nasciam e cresciam pela junção de empresas sob o controle acionário de uma só companhia em pouco tempo se transformaram em gigantescas organizações centralizadas (CHANDLER, 1998a). Assim, a nova configuração organizacional, iniciada com as empresas de transporte ferroviário, acabou propiciando a consolidação de dois fenômenos fundamentais.

O primeiro deles foi a ascensão do fordismo como principal modelo industrial, caracterizado pela organização da produção em massa, em que as linhas de produção em série garantiam eficiência na fabricação de grandes quantidades de produtos. A lógica da produção em massa era atingir economias de escala pela organização da produção em fluxos contínuos (BEST, 1990). O segundo fenômeno foi a evolução do chamado capitalismo gerencial, caracterizado pela ascensão da administração profissionalizada, na qual gerentes especialistas substituíram a gestão familiar, tendo no taylorismo a sua principal base conceitual. A produção em massa teve no fordismo seu modelo de produção e no taylorismo sua base gerencial.

O século XX foi marcado, portanto, pela organização industrial fordista e pela hierarquia predominante do capitalismo gerencial. Em outras palavras, pode-se dizer que o desenvolvimento das economias capitalistas no desenrolar do século passado foi moldado por um sistema microorganizacional denominado fordismo e por um sistema macroorganizacional conhecido como capitalismo gerencial (DUNNING, 1998). O ápice econômico desses fenômenos ocorreu nas três primeiras décadas do século XX, quando setores industriais importantes, como o siderúrgico e o automobilístico, atingiram enorme expansão, corroborando a hipótese de Chandler (1998b) de que as grandes estruturas organizacionais seriam mais eficientes. Um exemplo clássico representado nos livros de gestão foram os ganhos de eficiência que a Ford alcançou com o sistema de produção em massa do modelo T, como ilustra a Figura 1.1.

À medida que as grandes empresas cresciam, com a contínua internalização das atividades produtivas, sua administração tornava-se mais difícil e os custos burocráticos da hierarquia resultavam mais vultosos. A complexidade das decisões internas, aliada à coordenação centralizada e sobrecarregada, acabou paulatinamente reduzindo a eficácia dos instrumentos de gestão desenvolvidos. Os elevados custos da burocracia da gestão e a inflexibilidade da estrutura começavam a inviabilizar o modelo da grande empresa.

Consequentemente, novos instrumentos gerenciais se fizeram necessários para que a grande empresa seguisse seus desígnios transformadores. Esses novos instrumentos surgiram no período do entre guerras primeiro, por intermédio de empresas como a General Motors e a DuPont e, depois, pela United States Rubber, pela General Electric e pela Standard Oil. Essas organizações passaram por um amplo processo de internalização e diversificação nas primeiras décadas do século XX e necessitavam urgentemente de uma nova forma de administração. A solução encontrada foi organizar suas diversas unidades em divisões múltiplas semi-independentes, dando origem à chamada estrutura multidivisional. Conforme Chandler (1977), essa estrutura veio ao encontro das necessidades administrativas das grandes empresas em suas estratégias.

FIGURA 1.1 Ganhos de eficiência da produção do Ford modelo T (em US$).
Fonte: Julianboot (2012).

A forma de estrutura multidivisional agrupava o conjunto de atividades da organização em divisões distintas com independência de atuação nos mercados ou nas linhas de determinados produtos. A subordinação de cada uma delas a um centro gestor específico as tornava semi-independentes da coordenação central. A estrutura desenhada por Sloan, na GM, e por DuPont, ficou conhecida por M-form e envolveu a criação de divisões operacionais semiautônomas, nas quais as questões operacionais eram gerenciados separadamente (WILLIAMSON, 1997). A coordenação central era responsável pelo delineamento da estratégia geral da corporação, delegando às divisões a tomada de decisões operacionais e a responsabilidade pelos resultados.

O desenvolvimento da estrutura multidivisional permitiu a descentralização da tomada de decisões, ampliando a eficiência administrativa e reduzindo os custos burocráticos da hierarquia. Era, portanto, a inovação gerencial necessária para que a grande empresa continuasse o processo de crescimento, integrando e diversificando suas atividades, inclusive no âmbito internacional. Nas décadas seguintes à Segunda Guerra, a expansão das empresas multinacionais decorreu em grande parte dos mecanismos de gestão introduzidos pela M-form (DUNNING, 1997).

O século XX foi caracterizado, então, pelo que Chandler (1977) denominou de capitalismo gerencial e que, por suas estruturas organizacionais, acabou sendo conhecido também como capitalismo hierárquico. Até suas últimas décadas, predominou a chamada competição tradicional, na qual a larga distância entre os saltos tecnológicos e a baixa velocidade das transformações dos mercados causavam pouco impacto nas organizações. O distanciamento entre as rupturas tecnológicas era longo o suficiente para que o ambiente parecesse relativamente estável. Assim, as grandes organizações hierarquizadas tomaram a dianteira na corrida pelos clientes. Suas vantagens eram inquestionáveis: possuíam maior capacidade de inovação, os ganhos advindos das economias de escala possibilitavam lucros maiores, a produção em massa garantia o atendimento da crescente demanda e o advento da forma multidivisional habilitava a expansão internacional sem os problemas da administração centralizada. Com todas essas vantagens, mais o poder de mercado e o poder político, estava garantido o sucesso das grandes empresas por muito tempo sem a necessidade de mudanças (PERROW, 1992).

Contudo, não foi o que ocorreu. As últimas décadas do século XX trouxeram transformações socioeconômicas que forçaram profundas reestruturações organizacionais nas grandes empresas. O contínuo declínio de suas principais vantagens e a ascensão de novas formas organizacionais, mais adequadas às necessidades de uma nova era, colocaram em xeque as práticas administrativas até então exitosas. A competitividade baseada em vantagens estáveis por longos períodos, nas economias de escala das megaestruturas, no consumo massificado e na internalização hierárquica dos processos de produção e gestão já não geravam vantagens significativas. Entre o final dos anos 1970 e início dos 1980, o sistema produtivo das grandes empresas começou a sofrer um processo de desinternalização e enxugamento de atividades. Como resultado, as empresas assistiram ao estabelecimento de novas relações econômicas e comerciais, consolidando o que veio a ser conhecido como a nova competição.

A nova competição

Estabilidade, constância, conservação e equilíbrio constituíram-se nos pilares do capitalismo gerencial que prevaleceu na maior parte do século passado. A grande empresa consolidou sua posição tendo como base a capacidade de impor-se e sustentar suas vantagens por longos períodos de tempo. Perenidade era, portanto, o espírito guia dos grandes negócios até o final do século XX. Não somente a hierarquia interna, mas todo o processo produtivo era desenhado com a ideia de estabilidade em mente (BEST, 1990).

Todavia, as modificações socioeconômicas ocorridas desde os anos 1970 e 1980 – e, com maior intensidade, a partir de 1990 –, reforçadas pelo persistente declínio de regiões fortemente industrializadas e pela rápida ascensão de outras com perfil inovador (STORPER, 1997), forçaram a revisão dos conceitos referentes ao predomínio do capitalismo gerencial. Uma nova forma de capitalismo emergiu, tendo como alicerce a expansão global dos mercados, a extrema velocidade dos avanços tecnológicos e a maior facilidade das trocas de informações. As organizações sofreram diversas consequências. Primeiro, a competição se ampliou com a entrada de novos concorrentes dentro dos mercados nacionais até então protegidos; segundo, as inovações passaram a ocorrer de forma rápida e contínua; terceiro, as vantagens estáveis passaram a erodir com maior facilidade; e, quarto, o modo de competição tradicional foi substituído pela coexistência de múltiplos modelos competitivos em mercados segmentados.

As linhas gerais do ambiente organizacional na virada do século se tornaram bem diferentes daquelas encontradas no capitalismo gerencial: as empresas enfrentavam mais incertezas (DUNNING, 1997). Ao contrário do paradigma anterior, o capitalismo passou a se notabilizar por instabilidade, alternância, velocidade e risco, tornando temporárias as vantagens organizacionais. Por isso, alguns o consideram um ambiente supercompetitivo, caracterizado por movimentos rápidos, no qual as organizações têm de ágeis para gerar vantagens sucessivas que as mantenham à frente dos concorrentes.

Todas essas transformações acarretaram dificuldades para as empresas dotadas de grandes e rígidas estruturas hierárquicas. Quando as vantagens das economias de escala desapareceram, essas organizações se viram diante de uma estrutura arcaica, cujas competências centrais eram muitas vezes ignoradas, tendo de lidar com um número enorme de atividades sobrepostas que geravam baixa lucratividade e com um quadro de burocratas especialmente treinados para evitar que algo pudesse ser modificado (JARILLO, 1993). Além disso, a organização de larga escala enfrentava ainda problemas de inércia estrutural, aversão ao risco e diminuição da satisfação e do comprometimento dos empregados. Em consequência, nas últimas décadas as empresas passaram a maior parte do tempo procurando respostas e meios de se adaptar aos novos desafios.

Novos desenhos organizacionais foram traçados com diferentes contornos. Entre as várias iniciativas de gestão tomadas, buscou-se dissolver a burocracia interna. Procurou-se também redimensionar o tamanho das unidades, diminuir o número de empregados ligados diretamente à empresa e reduzir os riscos de investimento promovendo uma maior aproximação com os fornecedores e distribuidores, dentro da estratégia conhecida como crescer tornando-se pequeno (POWELL, 1987). Da mesma maneira, observou-se um grande número de propostas no sentido de reorganizar a empresa tradicional, o que gerou uma maior flexibilidade produtiva, aliada à ampliação do controle de qualidade e à elevação da capacidade de adaptação e inovação. A produção enxuta tornou-se a ordem do dia, e o mundo empresarial ingressou em uma nova era. Conforme observa Castells (1999), não estávamos testemunhando o fim das poderosas empresas de grande porte, mas, sem dúvida, observando a crise do modelo corporativo tradicional baseado na integração vertical e no gerenciamento funcional hierárquico.

O paradigma ascendente nas últimas três décadas do século XX promoveu, desse modo, o debate sobre o pós-fordismo e, principalmente, sobre a especialização flexível. Essa última consiste em uma estratégia de produção sustentada na evolução das antigas formas artesanais, segundo a qual a existência de um grande número de pequenas unidades produtivas garante o atendimento especializado das necessidades de segmentação de mercado e o preenchimento cada vez mais customizado da demanda. A especialização flexível é baseada em equipamentos multiuso, em recursos humanos intercambiáveis e na criação de uma comunidade industrial que favoreça as formas de competição com base em diferenciação e inovação (PIORE; SABEL, 1984).

Esse conjunto de modificações abalou os fundamentos do capitalismo gerencial e das estruturas hierárquicas e burocráticas. Um novo padrão competitivo despontou ao final do século XX, marcado, entre outros aspectos, pela flexibilidade produtiva, pela adaptabilidade das fronteiras organizacionais e pela busca constante de inovações, culminando no paradigma denominado nova competição (BEST, 1990).

A nova competição baseia-se em empreendimentos que buscam estratégias de aprimoramento contínuo de produtos e processos. Para tanto, a exigência de parcerias com fornecedores, clientes e concorrentes (DOZ; HAMEL, 1998) tornou as fronteiras organizacionais maleáveis e imprecisas. Evidenciou-se a dificuldade das grandes estruturas em agregar internamente as competências necessárias para atender ao consumidor mais exigente. As relações com outras empresas passaram a ser vistas não apenas como transações de mercado, mas também como formas de aprendizado, oportunidades tecnológicas e possibilidade de obter ativos complementares (DOSI; TEECE; WINTER, 1992). Consequentemente, a administração das relações entre organizações transformou-se no fator-chave da nova economia.

A percepção de abertura das fronteiras empresariais é compartilhada desde a década de 1970 (SCHERMERHORN, 1975). Bettis e Hitt (1995), por exemplo, argumentam que os limites entre as empresas tornaram-se imprecisos, possibilitando a propagação de desenhos colaborativos. As organizações não perderam sua identidade legal, mas abriram suas portas para constantes aprimoramentos externos. Se por um lado elas ainda procuram manter uma cultura e estrutura gerenciais próprias, por outro reduziram sua autonomia ao fortalecer os laços com outras organizações e compartilhar as decisões estratégicas e operacionais (KANTER, 1997).

Assim, as empresas continuam promovendo adaptações internas a fim de possibilitar, no longo prazo, a manutenção das mais diversas formas de parcerias. As organizações passaram a adotar o que autores denominam de estratégia da co-opetição (NALEBUFF; BRANDENBURGER, 1989). A cooperação se desenvolve quando fornecedores, concorrentes e compradores unem-se para elevar o valor gerado na cadeia produtiva. A competição, por sua vez, ocorre no momento de apropriação dos resultados gerados. Isto é, as empresas definem estratégias competitivas e colaborativas simultaneamente, visto que o centro das competências distintivas não está mais na empresa de forma isolada, mas em toda a sua rede de relacionamentos (PRAHALAD; RAMASWAMY, 2004).

Condicionados por essa realidade, dois fenômenos acabaram se destacando no cenário organizacional. O primeiro se deu com o nascimento do capitalismo de alianças, que disseminou a ideia da cooperação entre as organizações e estimulou a geração de arranjos colaborativos. Tais arranjos se concretizam, por exemplo, por meio das iniciativas de colaboração entre governo e sociedade civil em políticas públicas. O segundo fenômeno ocorreu com a emergência do pós-fordismo, que levou à formação de sistemas integrados e flexíveis de produção, distribuição e desenvolvimento tecnológico.

O pós-fordismo promoveu o renascimento das pequenas empresas, especializadas e flexíveis, que, atuando integradas em processos colaborativos, conseguiram superar suas dificuldades estruturais e estabelecer-se como importantes agentes no contexto da nova competição.

As grandes empresas, por sua vez, movimentaram-se em busca da flexibilidade e, principalmente, da velocidade entre as unidades. As que já conseguiram transformar sua hierarquia interna num arranjo colaborativo em rede vêm colhendo os frutos da mudança. Um caso didático de como grandes organizações estão operando nesse novo paradigma competitivo pode ser visto na empresa espanhola Zara, destacada no Box 1.1.

BOX 1.1
ZARAMANIA

O espanhol Amâncio Ortega não tem a estampa de dândi do francês Bernard Arnault, dono da Louis Vuitton. Nem virou sinônimo de elegância, como o italiano Giorgio Armani; em compensação, ocupou a quarta posição na lista dos bilionários da revista americana *Forbes* em 2015 e é o homem mais rico do mundo da moda. Para superar sua fortuna pessoal de US$ 64,5 bilhões, seria necessário duplicar a fortuna de Bernard Arnault da LVMH (US$ 37 bilhões) ou triplicar a fortuna de Stefan Persson da H&M (US$ 24,5 bilhões). Tamanho império é superior à fortuna somada de outros grandes do universo da moda, como Luciano Benetton, Ralph Lauren, Giorgio Armani e Miuccia Prada. Ortega é dono do grupo Inditex, que detém diversas marcas, entre as quais a mais conhecida é a Zara. Atualmente, a Zara possui mais de 2 mil lojas do espalhadas em 88 países e, por isso, segundo o jornal francês *Le Figaro* é a marca espanhola mais famosa no exterior. O coração desse império global encontra-se num lugar improvável, a Galícia, uma das regiões menos industrializadas da Espanha. Suas mais de 40 fábricas estão instaladas em torno de Arteixo, cidadezinha de 23 mil habitantes situada na periferia de La Coruña, onde o bilionário vive desde criança.

A receita do sucesso de Ortega pode ser resumida da seguinte maneira: os 200 figurinistas da Zara se inspiram (ou copiam, segundo a concorrência) nas principais tendências expressas pelas marcas mais sofisticadas, como Armani, Prada e Donna Karan. A diferença em relação a essas grandes grifes não está apenas no preço (o da Zara é acessível), na produção (a da Zara é muito maior) ou na qualidade (a da Zara é menor), mas sobretudo na velocidade com que tudo acontece nas fábricas de Arteixo. Suas principais concorrentes, a americana GAP e a sueca H&M, possuem um número maior de lojas. Mas, enquanto ambas levam cinco meses para pôr uma nova moda em exposição, a Zara transforma a última tendência em roupas prontas em apenas 15 dias. E os clientes adoram isso. Nos dias programados para entregas, formam longas filas na frente das lojas – um fenômeno apelidado de "Zaramania". Cada gerente de loja, seja na Islândia ou no Oriente Médio, goza de autonomia para descobrir o que faz sucesso ou não junto a seus fregueses e solicitar à matriz, na Espanha, as cores, os tamanhos e os modelos de maior procura.

O modelo da rede de valor da Zara tem início com os clientes e suas mutantes preferências. Os colaboradores da loja coletam os comentários dos consumidores a respeito dos modelos e cores das roupas e os relatam regularmente aos estilistas alocados na matriz. Estes passeiam por praças públicas, bares, lanchonetes, *campi* universitários, butiques, lojas da concorrência e desfiles de moda – enfim, por todos os pontos de encontro da jovem clientela –, sempre à procura de novas tendências. O produto dessa investigação do mercado é o que a Zara chama de moda "interativa e democrática", isto é, uma moda originada a partir dos clientes e à qual estes têm acesso imediato e direto.

Sabendo que o que hoje está na moda amanhã pode não estar, a Zara organizou-se para levar o conceito de modelo da prancheta para o varejo em ritmo-relâmpago. O estoque é renovado duas vezes por semana, o que exige a logística de uma operação militar. Os tecidos são adquiridos em diversos países – Itália, Inglaterra, China, Holanda, Marrocos, Índia, Turquia e Coreia. As etapas de capital intensivo – criação de estilos, corte e tratamento das cores – são executadas em uma fábrica pertencente à própria Zara. As tarefas que exigem mão de obra, como costura e montagem, são terceirizadas a pequenas confecções com que a Zara mantém acordos de cooperação e exclusividade e que se localizam na Galícia, nas imediações de Castela, Leon e ao norte de Portugal. A Zara disponibiliza a essas confecções a tecnologia necessária para que o trabalho seja executado dentro do prazo e com a qualidade exigida. Em troca, desfruta do controle de todo o processo, garantindo rapidez, qualidade e uma boa relação custo-benefício.

O rápido fluxo de informações constitui elemento fundamental para a operação de alta velocidade da Zara. Todas as lojas são eletronicamente integradas à matriz, e as informações são canalizadas àqueles que delas necessitam. Todo o sistema de produção – do desenho ao varejo final – é conectado e controlado digitalmente. O intercâmbio de informações une as peças separadas da operação da Zara. Elas são compartilhadas abertamente por meio de unidades de negócios e centros de trabalho flexíveis, facilmente adaptáveis e com autonomia e responsabilidade para a tomada de decisões.

Esta alta agilidade e flexibilidade geram desafios. Em 2011, a Zara esteve envolvida em uma denúncia de trabalho semiescravo no Brasil que repercutiu internacionalmente. Uma de suas fornecedoras mantinha 15 trabalhadores bolivianos e um peruano em uma jornada de trabalho diária superior a 16 horas sem carteira assinada e com uma remuneração inferior ao salário mínimo. Em nota, a Zara informou que a partir daquele momento iria reforçar a fiscalização tanto deste fornecedor como de todos os outros no país, para garantir que casos como este não viessem a se repetir. A nova competição, como o caso demonstra, requer novos instrumentos de gestão.

Fonte: Adaptado de Bovet e Martha (2001), Guerra (2011), Kroll e Dolan (2015) e Lores (2003).

Como pudemos observar neste capítulo, a cooperação tem atraído cada vez mais atenção. Os meios pelos quais ela surge e evolui, além dos diversos arranjos colaborativos desenvolvidos entre empresas e demais organizações, são o foco do próximo capítulo.

2
A cooperação entre organizações

A cooperação entre organizações

Robert Axelrod começa seu livro *A evolução da cooperação* com uma questão que há bastante tempo vem intrigando pesquisadores do campo social: Sob que condições a cooperação emerge em um mundo de egoístas? (AXELROD, 1984). A própria indagação já lança um olhar diferente à visão tradicional de que a cooperação nasce como uma ação típica de seres altruístas. O altruísmo, entendido como a capacidade pessoal de conceder uma coisa sem exigir outra em troca, é tido como condição fundamental para a ocorrência da cooperação entre os homens. Mas o altruísmo é raro na sociedade humana. A cooperação altruísta ocorre em situações específicas e entre poucos agentes, como, por exemplo, mãe ou pai, que são capazes de realizar atos heroicos de devoção e sacrifício pelos filhos.

De um modo geral, o ser humano não age de forma altruísta; tende a procurar primeiro o que é melhor para si, na luta pela própria sobrevivência. Por outro lado, sabe-se que a cooperação ocorre em larga escala entre os homens, tanto assim que constitui a base de todas as civilizações. A operação conjunta não é, pois, exclusividade de pessoas altruístas, já que podemos encontrá-la mesmo entre indivíduos egoístas. Para que isso aconteça, contudo, certas condições devem ser atendidas, como a vontade de obter determinado ganho que sozinho seria impossível. A cooperação entre indivíduos não altruístas nasce do interesse comum gerado pela compreensão de que somente operando em conjunto é possível realizá-lo. Em outras palavras, a cooperação egoísta decorre de ações deliberadas entre agentes autônomos para o alcance simultâneo de objetivos individuais e coletivos.

O simples desejo individual de associar-se a determinado grupo não promove ações conjuntas, a menos que haja um objetivo comum. Sem um objetivo explícito, não é possível conhecer ou mesmo antecipar os esforços que serão realmente necessários para alcançá-lo (BARNARD, 1971). No estudo sobre a ação coletiva, Olson (1999) sustenta que a formação de grupos não ocorre apenas pelo prosaico desejo de pertencer, mas pela vontade ou necessidade de obter algo por meio desse pertencer. No campo empresarial não é diferente: a cooperação emerge visando a ganhos competitivos.

Nas últimas décadas, com a ascensão da nova competição, a cooperação entre organizações assumiu uma maior importância devido à dificuldade das empresas em atender às exigências competitivas isoladamente. No momento em que duas ou mais organizações percebem a possibilidade de alcançar conjuntamente seus objetivos e obter ganhos mútuos, a cooperação entre elas se desenvolve. Sendo assim, pode-se afirmar que a cooperação interorganizacional ocorre pelo empreendimento deliberado de relações entre organizações autônomas para a consecução de objetivos individuais e coletivos.

Como as decisões empresariais costumam ser tomadas com um alto nível de pragmatismo, a cooperação entre organizações não se concretiza sem que haja resultados perceptíveis para as partes envolvidas. Ou seja, deve haver a possibilidade real de estabelecer relações benéficas entre os envolvidos, isto é, de compor relações "ganha-ganha" (BRANDENBURGER; NALEBUFF, 1995). À diferença dos resultados "ganha-perde" das relações de competição, a cooperação não se sustenta com relações desiguais: ou todos ganham juntos, ou todos perdem juntos. Além disso, na visão do gestor, ela apenas se torna viável quando a ação coletiva na busca dos objetivos comuns pode de alguma forma ser gerenciável. Em síntese, a cooperação entre organizações requer objetivos comuns claramente definidos e maneiras de alcançá-los com eficácia.

Os objetivos comuns almejados por meio da cooperação assemelham-se aos bens públicos, pois dificilmente excluem algum envolvido. O simples fato de determinado propósito ser comum a um grupo implica que ninguém nesse grupo deverá ficar excluído dos ganhos proporcionados pela realização de tal propósito (OLSON, 1999). Por conseguinte, os benefícios gerados pela operação conjunta acabam sendo internalizados pelas organizações envolvidas, mesmo que em graus diferentes, e passam a ser uma vantagem conjunta daqueles que cooperaram para gerá-los. Como são próprios de uma coletividade, são denominados de benefícios coletivos exclusivos: são coletivos por pertencer ao conjunto de empresas geradoras e exclusivos por não ser estendidos a outras organizações não participantes do grupo.

Nesse contexto, a cooperação cuja finalidade é gerar benefícios que somente as empresas participantes podem usufruir torna essas empresas mais fortes e competitivas frente àquelas que não integram o grupo formado.

Em ambientes competitivos, esse fato provoca o que pode ser denominado paradoxo da cooperação interorganizacional: quanto maior o número de empresas envolvidas, maior a possibilidade de gerar ganhos competitivos; em contrapartida, quanto menor o número de empresas envolvidas, mais exclusivos os ganhos competitivos se tornam. Logo, o desafio que se apresenta às empresas que querem crescer é, a partir desse paradoxo, balancear as competências próprias e as de outras organizações, a fim de alcançar um equilíbrio entre a competitividade coletiva, obtida por meio da cooperação, e a competitividade individual, que torna a empresa rentável e valiosa perante as demais organizações que cooperam com ela.

Como visto, a cooperação entre organizações emerge como consequência de agentes individuais buscando equilibrar interesses individuais e coletivos; isto é, as empresas colaboram entre si visando a ganhos que não poderiam obter de forma isolada. E esta cooperação pode ocorrer inclusive entre empresas concorrentes. O Box 2.1 apresenta exemplos de cooperação entre pequenas, médias e grandes empresas que possibilitaram ações e ganhos que isoladamente seriam inviáveis.

BOX 2.1
O CONCORRENTE PODE SE TRANSFORMAR EM SÓCIO

Os empresários paulistas Adolfo Bobrow, Carlos Zilli e o sul-coreano Jae Ho Lee costumavam se encontrar até recentemente por uma única razão – disputar um bom lugar para a abertura de novas lojas. Bobrow, dono da rede de franquia de meias Puket; Zilli, diretor executivo da rede de decoração Imaginarium; e Lee, da Balonè, de acessórios femininos, têm juntos mais de 300 pontos de venda, muitos localizados nos mesmos *shoppings* e cidades espalhados pelo Brasil. Conquistar cada um deles, em geral, exige um trabalho diário de garimpagem e muita disposição para brigar pelas melhores oportunidades. Desde 2011, no entanto, os três decidiram deixar a rivalidade de lado para planejar uma nova fase de expansão de seus negócios. Eles criaram uma quarta marca: a Love Brands, loja que reúne produtos das três franquias e só entra em cidades a cerca de 300 quilômetros dos grandes centros e com menos de 250.000 habitantes.

A abertura de uma loja conjunta custa, em média, 60% menos do que uma empreitada solitária nesses mercados. "Seria inviável partir para cidades menores sozinho", afirma Lee. "Juntos, podemos ir atrás de consumidores com tempo e dinheiro, dispostos a comprar." Um estudo da consultoria americana Aberdeen Group mostra que sete em cada dez empresários no mundo buscam alguma iniciativa de colaboração com outras empresas. É um comportamento cada vez mais comum. O alvo preferencial são companhias com as quais já existe algum tipo de relacionamento prévio – 48% colaboram com fornecedores e 48% dizem ter alguma parceria com clientes. "São vários os motivos para as parcerias, desde a necessidade de adquirir conhecimento em áreas novas até simplesmente cortar custos", afirma Bryan Ball, vice-presidente do Aberdeen Group e responsável pela pesquisa. Se não tivessem optado por entrar juntas em cidades pequenas, Puket, Imaginarium e Balonè provavelmente estariam até hoje limitadas a crescer apenas onde já atuavam. Em conjunto, minimizam o risco de fracassar

Deixar a rivalidade de lado é uma questão de pragmatismo, acima de tudo. Os cinco sócios da Fazenda Marinha Atlântico Sul, de Florianópolis, uma das principais produtoras de ostras do país, estão conseguindo ultrapassar essa barreira. Para isso, foi preciso que eles superassem as rivalidades do tempo em que estavam organizados em três empresas distintas para juntar forças. A aliança permitiu iniciar um período de crescimento, pois um grande empecilho era garantir o fornecimento seguro ao Rio de Janeiro e a São Paulo das ostras e dos mexilhões cultivados ao redor da ilha de Santa Catarina. Os moluscos precisavam ser transportados de avião para chegar frescos a mesas de bares e restaurantes a mais de 1 000 quilômetros de distância. "Éramos pequenos demais para fechar contratos de transporte a um custo que permitisse ter preços competitivos", diz o geógrafo Ruy Avila Wolf, sócio da Atlântico Sul.

O próximo passo é conquistar os supermercados. Uma linha de ostras congeladas e mexilhões defumados em embalagens para uma ou duas pessoas foi desenvolvida visando a consumidores de alto poder aquisitivo. "Conquistar o varejo é estratégico para empresas com o perfil da Atlântico Sul", diz o engenheiro Eduardo Schulter, consultor da Associação Catarinense de Aquicultura. "Elas precisam se posicionar para enfrentar grandes companhias de alimentos que também estão de olho nesse mercado."

A meta de cortar custos aproximou Bic e Souza Cruz. Em 2008, a empresa francesa, conhecida por suas canetas, iniciou uma parceria com a fabricante de cigarros para reduzir o orçamento com logística. Inicialmente, a Bic partilhou apenas a distribuição de isqueiros. Desde 2009, os caminhões da Souza Cruz levam também pilhas, barbeadores e canetas para cerca de 300 000 pontos de venda. A Souza Cruz compra os produtos Bic, põe uma margem de lucro e leva às lojas. Tudo isso a partir de Uberlândia, no Triângulo Mineiro, onde está o centro de distribuição da fabricante de cigarros.

O medo de dividir informações confidenciais pode atrapalhar, sobretudo no caso da colaboração entre concorrentes. Os problemas costumam aparecer com mais frequência quando não existe uma definição clara, desde o início, dos objetivos e dos processos em comum com o futuro parceiro. Para evitar que isso acontecesse, Bic e Souza Cruz criaram uma parceria com prazo de validade. O acordo é renovado a cada dois anos – para que as duas partes possam reavaliar os ganhos e concluir se os termos ainda agradam a todos. Firmado pela primeira vez há quase quatro anos, o contrato deverá ganhar a terceira atualização no fim deste ano. Por enquanto, as duas empresas vêm ampliando o escopo do projeto. "Deu tão certo que agora estamos negociando parcerias com outras empresas", afirma Rosa e Silva, da Souza Cruz. "A experiência com a Bic deverá se repetir muitas vezes."

Fonte: Adaptado de Aranha (2008) e Simões (2012).

Entendida a obtenção de benefícios coletivos exclusivos, a questão que surge é: por que uma empresa deve cooperar para alcançá-los? Uma das respostas a essa questão pode se valer das evidências apresentadas pelos estudos desenvolvidos pela Teoria dos Jogos.

A teoria dos jogos

Nascida a partir dos estudos sobre decisão estratégica e, principalmente, das contribuições de Von Neumann e Morgenstern (1953), a Teoria dos Jogos expandiu o conhecimento sobre a conduta dos agentes em situações de interdependência. Ela parte da premissa de que um jogo, pelas características que lhes são próprias, é capaz de refletir a maior parte das decisões que as pessoas enfrentam no seu dia a dia. Dessa forma, um jogo pode ser considerado uma espécie de laboratório onde as estratégias e decisões racionais dos envolvidos são "artificialmente" analisadas e interpretadas.

As aplicações da Teoria dos Jogos no campo econômico, sobretudo dos jogos de interação estratégica,[1] permitem aos tomadores de decisão acrescentar mais subsídios a seus processos de escolha. Nesses jogos, a melhor estratégia a ser adotada por um dos agentes depende das estratégias já adotadas ou a ser adotadas no futuro pelos demais agentes. Dessa maneira, as decisões estratégicas de um jogador podem ter sucesso ou não, dependendo das decisões que os demais jogadores tomaram ou que virão a tomar. Certas decisões, contudo, podem ser tomadas independentemente das posições que os demais agentes assumiram. A esse tipo específico de decisão, independente das expectativas recíprocas dos participantes, dá-se o nome de decisão estratégica dominante.

A ideia de decisão estratégica dominante pode ser melhor entendida por meio do jogo conhecido como Dilema dos Prisioneiros. Criado na década de 1950 pelos matemáticos Melvin Dresher e Merril Flood, foi posteriormente adaptado à narrativa policial por Albert Tucker, daí se originando o nome pelo qual é conhecido. Sua elaboração se deve ao interesse dos autores em encontrar a decisão estratégica dominante na interação não cooperativa entre dois agentes racionais. Para tanto, uma situação de decisão com diferentes resultados foi concebida, como veremos a seguir.

---

[1] Jogos de interação estratégica. Jogos em que as decisões e ações de um participante afetam diretamente as decisões e ações dos demais participantes.

O dilema dos prisioneiros

Dois suspeitos de terem cometido um delito grave foram presos pela polícia. Os investigadores, contudo, dispõem de provas apenas circunstanciais de sua autoria. As evidências disponíveis habilitam a polícia a indiciar os suspeitos tão-somente por um crime simples, de menor gravidade. Na tentativa de condená-los pelo crime grave, os policiais decidem separá-los em celas incomunicáveis e fazer a seguinte proposta a cada um deles: se confessarem o crime grave, terão reduzida a sua pena por terem colaborado com a Justiça.[2]

A proposta leva então a três possibilidades. Se os suspeitos confessarem o crime grave, ambos serão julgados por esse delito, recebendo a pena de cinco anos de prisão. Caso não o confessem, poderão ser julgados somente pelo delito menor, recebendo a pena de dois anos de prisão. Não obstante, se apenas um dos suspeitos confessar o crime grave, ele será beneficiado com uma redução maior ainda, recebendo a pena de um ano de prisão, ao passo que o suspeito que não confessou arcará com a pena máxima de oito anos. O dilema dos prisioneiros está exatamente na decisão de confessar ou não o crime. Caso não o confessem, estarão cooperando com o parceiro; do contrário, o estarão traindo. O Quadro 2.1 mostra as penas possíveis para cada suspeito, conforme suas decisões.

De acordo com os possíveis resultados exibidos no Quadro 2.1, as penas para os suspeitos podem variar de um a oito anos de prisão. Além das penas individuais, é importante também ressaltar os resultados coletivos, representados no quadro pela soma das penas dos dois suspeitos entre parênteses. No primeiro quadrante – denominado quadrante da cooperação universal, já que ambos cooperam entre si, e não com a polícia –, o resultado coletivo equivale a quatro anos de prisão. O segundo e o terceiro quadrantes são denominados, cada um, quadrante da tentação, visto que os suspeitos, no intuito de obter uma pena mais branda, podem sentir o desejo de trair o cúmplice. Nesses dois quadrantes, o resultado coletivo totaliza

QUADRO 2.1 Possíveis resultados do dilema dos prisioneiros

Prisioneiro A/B	B Coopera (não confessa)	B Trai (confessa)
A Coopera (não confessa)	A = 2 / B = 2 (4)	A = 8 / B = 1(9)
A Trai (confessa)	A = 1 / B = 8 (9)	A = 5 / B = 5 (10)

---

[2] Dilema dos Prisioneiros. Segue quatro regras fundamentais: a) não existe possibilidade de acordo; b) não há como antecipar os movimentos futuros dos jogadores; c) não se pode eliminar o oponente; e, por fim, d) não é possível alterar recompensas e penas aplicadas.

nove anos de detenção. O último quadrante contém a traição mútua – ambos confessam o crime grave –, sendo por isso denominado quadrante da rivalidade universal. Somadas, as penas dessa rivalidade atingem 10 anos de prisão, sendo, coletivamente, a pior possível.

Levando em conta os possíveis resultados, que decisão os prisioneiros devem tomar?

Nos jogos sem repetições, ou seja, naqueles em que os jogadores contam com uma única rodada de decisão, predomina o que pode ser chamado de equilíbrio egoísta. Isso porque, no caso dos prisioneiros, eles logo percebem que confessar o crime e trair o parceiro é a opção mais vantajosa. Um conhecimento matemático mínimo e um simples e rápido raciocínio comprovam tal escolha: o prisioneiro A avalia que, caso não confesse, suas penas serão de dois ou oito anos, dependendo da decisão do prisioneiro B, e que, se confessar, suas penas serão de um ou cinco anos, conforme a decisão de B. Como um e cinco são inferiores a dois e oito, o prisioneiro A irá decidir pelo que for melhor para si: confessar e, portanto, não irá cooperar com o parceiro de crime.

O Quadro 2.2 evidencia a decisão dominante. Os valores destacados em negrito demonstram as penas, em anos de prisão, previstas para o caso de os prisioneiros optarem por confessar e não cooperar com o parceiro. O quadrante demarcado aponta o resultado decorrente da combinação das decisões estratégicas dominantes dos participantes.

Pode-se afirmar que, no Dilema dos Prisioneiros, em um único evento não repetitivo há uma decisão estratégica dominante: confessar. Independentemente da decisão do outro prisioneiro, sempre será melhor cumprir um ou cinco anos de prisão do que dois ou oito. O problema para o prisioneiro A é que o prisioneiro B muito provavelmente raciocinará da mesma maneira. A solução, portanto, se dá no equilíbrio egoísta indicado pelo quadrante da rivalidade universal, que imputa 10 anos de prisão à dupla de prisioneiros, isto é, o pior resultado possível para o conjunto. É nesse momento da decisão que desponta o paradoxo da escolha social: o que é melhor para cada um dos indivíduos não é o melhor para a coletividade (BERNI, 2004).

Como apresentado, a circunstância de os dois prisioneiros confessarem o crime decorre de uma decisão estratégica dominante para ambos, no caso de um evento único. Na forma vista, todavia, o Dilema dos Prisioneiros

QUADRO 2.2 Decisão estratégica dominante no dilema dos prisioneiros

Prisioneiro A/B	B Coopera (não confessa)	B Trai (confessa)
A Coopera (não confessa)	A = 2 / B = 2 (4)	A = 8 / B = 1(9)
A Trai (confessa)	A = 1 / B = 8 (9)	A = 5 / B = 5 (10)

é limitado: cada preso conta com apenas um evento não repetitivo para a decisão ser tomada.

Essa situação acaba limitando as possibilidades de interpretação do comportamento do outro jogador, já que, na vida real, as relações entre os agentes econômicos são mais dinâmicas e, por via de regra, se repetem dia após dia. Dessa maneira, os agentes são levados a tomar novas decisões subsequentes sobre uma mesma questão, proporcionando, por conseguinte, uma relação de médio e longo prazo entre eles. Assim, em uma determinada situação, quanto mais "rodadas" de decisão houver, maior será a interação entre os agentes envolvidos.

A ideia da tomada de decisões repetidas vezes é assumida pelo chamado Dilema dos Prisioneiros Iterado. Nele, os prisioneiros são estimulados a tomar a decisão de confessar ou não em diversas rodadas subsequentes. A constante interação dos envolvidos na tomada de decisão, mesmo que não haja comunicação entre eles, altera o jogo. À medida que as decisões vão sendo tomadas repetidamente nas rodadas seguintes, os agentes começam a perceber que a decisão estratégica dominante do equilíbrio egoísta não os leva a obter o tão esperado resultado da pena de um ano de prisão. Racionais que são, percebem que a melhor alternativa possível para eles localiza-se no quadrante da cooperação universal, no qual a pena não ultrapassa os dois anos de prisão para cada um.

Esse processo de reflexão só será possível se os envolvidos tiverem de tomar decisões seguidas, como no caso do Dilema dos Prisioneiros Iterado. Nessas decisões consecutivas, o agente passa a compreender que, em jogos de interação estratégica, o melhor para si nunca será obtido e preservado se o outro agente participante também estiver obtendo o que julga ser melhor para ele. Assim, à medida que as rodadas do jogo evoluem, os prisioneiros acabam percebendo que a única forma de alcançar o melhor resultado possível é os dois se beneficiarem. Note-se que cada decisão tomada serve de informação para o outro agente, criando, pois, uma forma de comunicação, mesmo que em celas incomunicáveis. No momento em que ambos os agentes adotam a decisão ótima para si, considerando a decisão ótima para o outro agente, ocorre o que se conhece como Equilíbrio de Nash (NASH, 1950).

A cooperação se estabelece pelo fato de que os prisioneiros terão de se reencontrar. Por isso, ambos sabem que uma decisão tomada por um deles no presente afetará as decisões do outro no futuro. Trair agora significa sofrer retaliações mais adiante, restabelecendo o equilíbrio egoísta da rivalidade universal (AXELROD, 1984). O Quadro 2.3 ilustra essas considerações. O quadrante demarcado aponta o resultado decorrente do Equilíbrio de Nash. Em outras palavras, agindo de forma racional e egoísta, em seu próprio interesse, ambos os prisioneiros decidem cooperar e não confessar o crime mais grave. Na situação enfrentada, esse é o melhor resultado possível para as duas partes.

QUADRO 2.3 Equilíbrio de Nash no dilema dos prisioneiros

Prisioneiro A/B	B Coopera (não confessa)	B Trai (confessa)
A coopera (não confessa)	A = 2 / B = 2 (4)	A = 8 / B = 1(9)
A trai (confessa)	A = 1 / B = 8 (9)	A = 5 / B = 5 (10)

De forma didática, podemos transpor o dilema dos prisioneiros para o dia a dia de uma organização com o seguinte exemplo hipotético. Imagine que duas empresas decidem colaborar em um projeto ambicioso de desenvolvimento de um novo produto, com avanços tecnológicos significativos. Além de arcar com 50% dos custos do projeto, cada uma delas se compromete a colocar uma equipe de engenheiros em toda a sua duração e concorda que os resultados serão apropriados em partes iguais. Se uma empresa resolve agir de forma individualista, buscando a melhor decisão apenas para si, sem levar em consideração o que é melhor para a outra, ela possivelmente enviará a equipe de engenheiros menos experientes e com um custo menor. Caso ambas busquem a mesma racionalidade individualista o equilíbrio egoísta predominará e o resultado do projeto será desastroso. No entanto, se ambas entenderem o jogo interativo no qual participam, buscarão o que é melhor para si levando em consideração o que for melhor para o outro jogador (equilíbrio de Nash). Assim, cada empresa enviará sua equipe de melhores engenheiros para alcançar o êxito esperado no ambicioso projeto.

Ainda que o equilíbrio de Nash seja a melhor solução possível para a cooperação entre agentes independentes, não há um caminho apenas para obtê-la. Diferentes estratégias podem ser empreendidas pelo jogador que deseja cooperar e ser correspondido pelos outros jogadores. Para entender qual estratégia se sairia melhor nessas relações interativas, Axelrod (1984) criou um torneio de computador que simulava o Dilema dos Prisioneiros Iterado. Os resultados desse torneio e a estratégia vencedora serão discutidos a seguir.

Olho por olho, dente por dente

Para melhor compreender o modo como as decisões estratégicas levam ao surgimento da cooperação em um jogo como o Dilema dos Prisioneiros Iterado, Axelrod (1984) convidou diferentes teóricos de disciplinas afins com o tema – tais como psicologia, economia, ciência política, matemática e sociologia – a participar de um torneio computadorizado. Como este consistia na reprodução virtual do Dilema dos Prisioneiros Iterado, o participante que apresentasse a melhor estratégia marcaria mais pontos e ganharia o jogo. Dentre as 14 estratégias apresentadas, a vencedora ficou conhecida como "olho por olho, dente por dente",[3] desenvolvida pelo matemático e professor de psicologia Anatol Rapoport.

A estratégia "olho por olho, dente por dente" consistia no simples artifício de cooperar no primeiro lance e, em seguida, repetir a decisão que o jogador adversário adotara na rodada anterior. Em outras palavras, mesclava movimentos de gentileza, colaboração, perdão e retaliação de acordo com a postura do adversário. Por sua simplicidade, inclusive em termos de linhas de programação, a estratégia era de fácil compreensão para os adversários que entendiam a mensagem enviada em cada decisão tomada, gerando uma reputação de colaborador e retaliador, fundamental para que os demais participantes optassem por cooperar.

Com o intuito de aprofundar suas análises sobre a emergência da cooperação, Axelrod (1984) propôs um novo torneio, permitindo a participação de novos jogadores oriundos de campos científicos diferentes, como física e biologia, além de outros interessados não acadêmicos. Ao todo, 63 programas diferentes disputaram essa segunda competição, agora com estratégias mais aperfeiçoadas, dado que os participantes conheciam os resultados do primeiro torneio. Esses novos participantes tentaram aproveitar as vulnerabilidades da estratégia "olho por olho, dente por dente", introduzindo programas que enfrentavam seus pontos positivos: a clareza e a reputação de retaliador. Mas não foram bem-sucedidos nessa empreitada, de modo que a simples estratégia do "olho por olho, dente por dente" sagrou-se novamente campeã.

Os torneios em que se basearam os estudos de Axelrod (1984) apontam algumas observações importantes para compreendermos a cooperação entre agentes racionais. Em primeiro lugar, destaca-se que a cooperação pode ser fruto de decisões lógicas passíveis de serem tomadas mesmo por seres egoístas, desde que percebam eventuais benefícios. Ademais, ela requer que os relacionamentos sejam contínuos. Como visto, o que possibilita a cooperação é o fato de os participantes se reencontrarem outras vezes. A repetição condiciona as decisões do presente às decisões do futuro e, principalmente, às decisões dos demais envolvidos.

Outra observação relevante diz respeito aos ganhos da cooperação. A possibilidade de obter benefícios coletivamente é o principal motor da cooperação entre agentes racionais egoístas. Por esse motivo, nenhum dos envolvidos pode ser excluído dos ganhos proporcionados. Assim, as empresas cooperam para obter ganhos competitivos que não conseguem gerar internamente. Contudo, esses ganhos são árduos e incertos como a própria atividade empresarial. Muitas vezes, cooperar significa abrir mão de ganhos individuais imediatos em troca de ganhos coletivos futuros. A obtenção dos ganhos da cooperação requer, portanto, que os agentes econômicos adotem

---

[3] Olho por olho, dente por dente. No original, em inglês, a estratégia denomina-se "Tit for Tat".

estratégias que viabilizem o comportamento colaborativo por parte de todos os envolvidos e tenham em vista resultados futuros.

O imperativo estratégico da cooperação em decisões repetidas ficou latente nos torneios de computador que simulavam o Dilema dos Prisioneiros Iterado. As estratégias apenas colaborativas não alcançavam um bom resultado por serem traídas por estratégias oportunistas, e estas, por sua vez, não obtinham os ganhos da cooperação por construírem uma reputação individualista e pouco colaborativa. A estratégia vencedora gerou um comportamento propício à cooperação ao mostrar-se disposta tanto a colaborar quanto a retaliar, em caso de traição. Depreende-se daí que a cooperação entre agentes racionais é sustentada por relacionamentos contínuos e por um comportamento estratégico que estimule e mantenha a cooperação dos demais agentes. No campo organizacional, tal conclusão sustenta a proposição de que as empresas devam substituir ou complementar suas tradicionais estratégias individuais com estratégias coletivas. Um maior detalhamento das questões estratégicas e do impacto das estratégias coletivas sobre a gestão das organizações será apresentado no capítulo seguinte.

3
Estratégias coletivas

Competição e cooperação

Alinhar o conceito de cooperação ao paradigma clássico de estratégia não é tarefa fácil. A maior parte da literatura que domina esse campo de estudos adota a perspectiva de competição entre empresas como um elemento-chave. Muitas das teorias que fundamentam essa perspectiva nos estudos de estratégia baseiam-se no princípio da exclusão competitiva de Gause.[1] No entanto, deve-se salientar que, diferentemente das variadas espécies de organismos em competição por sustento, as organizações podem coexistir em um mesmo ambiente, competindo e cooperando de maneira racional, a fim de alcançar seus objetivos.

Os diversos casos de empresas que têm aumentado sua competitividade com a formação de redes, alianças e parcerias sugerem a necessidade de reavaliar as teorias clássicas sobre estratégia. À diferença do paradigma da competição (jogo de soma zero), o paradigma da cooperação (jogo de soma positiva) visa à adoção de estratégias coletivas ganha-ganha por agentes (fornecedores, concorrentes, clientes, etc.) que buscam alcançar objetivos comuns, habilitando as empresas a competir em instâncias mais elevadas.

Diante desse debate, o presente capítulo tem por finalidade proporcionar uma melhor compreensão do surgimento e da aplicação do conceito de estratégias coletivas frente a outras três perspectivas dominantes: a

---

[1] Princípio de Gause. O princípio da exclusão competitiva defende que duas espécies que conseguem seu sustento de maneira idêntica não podem coexistir; geralmente a espécie mais forte ou mais adaptada ao seu contexto sobreviverá, excluindo as demais.

Perspectiva da Estrutura da Indústria, a Visão Baseada em Recursos (RBV) e a Perspectiva dos Custos de Transação.

A perspectiva da estrutura da indústria

A Perspectiva da Estrutura da Indústria reinou soberana durante toda a década de 1980, tendo como seu maior expoente o estrategista Michael Porter. A principal ideia por trás desse conceito era a de que uma estratégia deveria surgir a partir da análise sistemática do ambiente de um determinado setor. Para Porter (1986), uma estratégia adequada deveria fundamentar-se na melhor posição encontrada por uma empresa dentro da estrutura de mercado em que ela opera. Para tanto, o autor desenvolveu uma série de instrumentos destinados a analisar o ambiente concorrencial.

De acordo com essa perspectiva estratégica, o nível de competição em uma indústria é uma questão central para a escolha estratégica, pois, quanto maior a rivalidade concorrencial, menor a lucratividade das empresas. O autor sugere que uma empresa deve escolher uma estratégia para melhor posicionar-se, a partir da análise sistemática do ambiente concorrencial em seu segmento.

Não se pode negar a relevante contribuição da Perspectiva da Estrutura da Indústria para a teoria estratégica sobretudo para o amplo diagnóstico informacional do ambiente concorrencial. No entanto, acredita-se que essa perspectiva tenha concentrado demasiado foco na "rivalidade concorrencial". A ênfase exclusiva na competição descarta a ampla possibilidade de parcerias entre empresas que produzem bens semelhantes ou complementares.

Tome-se o caso da relação entre um fabricante e seu fornecedor, por exemplo. Com base na Perspectiva da Estrutura da Indústria, a lucratividade de uma das empresas é determinada, ao menos parcialmente, pela lucratividade da outra e, portanto, pela habilidade da primeira em se defender das tentativas de aumento da margem de lucro da segunda, e vice-versa. A competição entre as partes acaba sendo estimulada, dado que o valor que uma delas obtém na barganha de definição de preços ocorre às expensas da outra (jogo de soma zero).

É por tais motivos que a Perspectiva da Estrutura da Indústria apresenta lacunas, invariavelmente criticadas por outras correntes da teoria estratégica. Uma dessas críticas foi emitida por Mintzberg, Ahlstrand e Lampel (2000) e centra-se no fato de que a empresa que despender muita energia e tempo preocupada em encontrar truques para iludir o concorrente poderá se desviar de outros focos estratégicos, como, por exemplo, atender melhor às necessidades dos clientes, investir em processos de inovação ou buscar sinergia por meio de estratégias coletivas.

Uma análise de práticas de gestão contemporâneas, que podem ser observadas nos casos presentes neste livro, indica que a estratégia na Perspectiva da Estrutura da Indústria necessita ser reavaliada. Encarar o "ambiente concorrencial" não apenas como uma arena de competição permite melhor compreender a organização de uma determinada indústria, entendendo os concorrentes e participantes das cadeias de valor não somente como "inimigos", mas também como possíveis aliados.

Voltando ao exemplo da relação entre o fornecedor e o fabricante, essa nova ótica pode gerar um jogo de soma positiva. Caso o fabricante, ou mesmo o fornecedor, desenvolva um diferencial, uma melhor qualidade ou uma técnica que estimule a venda de determinado produto, ambos sairão ganhando. Dado que essas melhorias muitas vezes são geradas em conjunto, os fornecedores e fabricantes mais propensos a colaborar serão os maiores beneficiados, pois proporcionarão vendas e lucros mais elevados.

Não se trata, evidentemente, de uma relação tão clara e simples. Fornecedores e fabricantes, nesse caso, podem ser competidores, aliados, nenhum dos dois, ou os dois ao mesmo tempo, dependendo do momento e das situações impostas (JARILLO, 1993). Ampliar a visão de modo a abarcar todas essas possibilidades só é viável quando a perspectiva da estratégia exclusivamente individual é superada. Em decorrência, o emprego de estratégias de cooperação, inclusive com concorrentes diretos em uma mesma indústria, pode facilitar à empresa atingir outros mercados, bem como desenvolver novos produtos e serviços de maneira conjunta. Diferentemente da barganha e do oportunismo, as estratégias coletivas tornam possíveis as relações sinérgicas, de complementaridade de recursos e de aprendizado em conjunto.

A visão baseada em recursos

A Visão Baseada em Recursos (VBR) destaca a noção de que a propriedade e o controle de recursos escassos ou inimitáveis por parte de uma empresa representam uma fonte de vantagem competitiva (BARNEY, 1991). A ideia central da VBR é a de que os retornos acima da média obtidos em determinado mercado são resultado dos recursos (tangíveis e intangíveis) que uma empresa possui internamente. Assim, a VBR defende que empresas com diferentes coleções de recursos terão, inevitavelmente, diferentes capacidades competitivas.

De acordo com a VBR, recursos notadamente triviais para a maioria das empresas ou facilmente adquiríveis no mercado não constituem diferenciais

(AMIT; SCHOEMAKER, 1993). Para Barney (1991), um recurso só será estratégico e proporcionará vantagem competitiva quando apresentar quatro propriedades fundamentais, a saber: valor, raridade, imperfeita imitabilidade e dificuldade de substituição. O conjunto desses recursos poderá dividir-se em três categorias: recursos físicos, como instalações e equipamentos; recursos humanos, incluindo a equipe técnica e gerencial da empresa; e recursos organizacionais, formados pelas rotinas que coordenam os recursos humanos e físicos de modo produtivo. Os recursos podem ainda ser classificados como tangíveis (máquinas e equipamentos) e intangíveis (informação, conhecimento e habilidades).

No entanto, a abordagem da VBR apresenta uma visão eminentemente interna da geração e domínio dos recursos, visão que pode implicar em limitações para as empresas, sobretudo em setores intensivos em conhecimento (POWELL, 1998).

Assim, na Visão Baseada em Recursos, a propriedade e o controle de recursos escassos ou inimitáveis são entendidos como as principais estratégias a guiar as ações das empresas. Em ambientes dinâmicos, com o passar do tempo torna-se muito mais difícil manter a propriedade ou mesmo o controle dos recursos que vão se tornando valiosos. Pelo fato de as empresas se verem na constante obrigação de atualizar seu estoque de recursos, a busca de novos recursos passa a ter uma orientação estratégica prioritária.

Conforme os estudos de Madhok e Tallman (1998), existem quatro possibilidades de aquisição de novos recursos. A primeira, naturalmente, é desenvolvêlos internamente – solução que, no entanto, é cada vez mais restrita a poucas empresas, uma vez que lhes exige dispor de tempo necessário e das devidas competências. A segunda opção consiste em adquiri-los diretamente no mercado. Já a terceira envolve a aquisição da própria empresa detentora dos recursos. Essa é uma solução que costumamos encontrar nos processos de fusões e aquisições; todavia, trata-se de uma opção com elevados custos e culturalmente difícil de ser operacionalizada.

Caso essas três possibilidades de aquisição de novos recursos estratégicos não sejam viáveis, resta às empresas uma última opção: desenvolver os recursos de forma colaborativa com outras empresas. Por meio da cooperação, torna-se possível compartilhar os conhecimentos, os ativos e o tempo destinado ao desenvolvimento do novo recurso, além de incorrer em custos notadamente menores que os das três opções anteriores. Para tanto a empresa terá de superar uma visão individualista, passando a operar sob a lógica das estratégias coletivas.

As pesquisas de Hall (1992) demonstram, inclusive, que a cooperação é o meio mais rápido de as empresas obterem recursos intangíveis. Outros estudos, como os de Gulati, Nohria e Zaheer (2000), defendem que alguns recursos só poderão ser acessados por meio da cooperação interorganizacional. Para esses autores, as estratégias coletivas poderão proporcionar às empresas três tipos de recursos estratégicos distintos: a) uma estrutura colaborativa como recurso – isto é, uma estrutura de relacionamentos com uma série de parceiros pode gerar maiores oportunidades e possibilidades de negócios em comparação com as empresas que não mantêm relações com outras; b) o relacionamento como recurso – isto é, a qualidade do relacionamento entre os agentes empresariais possibilita mais confiança e menos oportunismo, afetando o desempenho da empresa; c) os parceiros como recurso – isto é, a possibilidade de socializar o conhecimento, as melhores práticas e o acesso coletivo a soluções de problemas poderá proporcionar recursos exclusivos às empresas que rotineiramente se relacionam.

Em um estudo da indústria da biotecnologia, Powell (1998) vai mais além, indicando que nesse campo de atuação dificilmente uma empresa dominará boa parte dos recursos necessários para o desenvolvimento de novos produtos. Logo, em segmentos de negócios dinâmicos e intensivos em conhecimento, a perspectiva da estratégia coletiva se mostra mais adequada, pois sustenta que a busca de competitividade por parte de uma empresa dependerá muito mais de sua habilidade em complementar e coordenar os recursos a partir de parceiros do que de procurar a propriedade e o domínio dos recursos estratégicos necessários.

A perspectiva dos custos de transação

Uma empresa deve produzir internamente ou contratar no mercado? Essa é considerada uma questão central por uma série de estudos no campo da estratégia e das práticas de gestão. Tradicionalmente, ela tem sido estudada pela teoria econômica, que distinguiu duas formas de governança das atividades econômicas: o mercado (contratação) e a hierarquia (produção interna). Williamson (1975), a partir dos estudos de Coase, foi quem dedicou boa parte de suas pesquisas a esses dois modelos alternativos de organização das atividades econômicas.

Para o Williamson (1975), o meio mais eficiente de fabricar determinado bem é delegar a produção de cada um de seus componentes a empresas especializadas. Os níveis de especialização das empresas fornecedoras levariam a curvas decrescentes nos custos de produção, tornando mais vantajoso para a empresa compradora adquirir tais componentes a custos menores no mercado do que produzi-los internamente. Logo, se é mais barato adquirir do que produzir, a opção mais adequada seria sair às compras no mercado. Entretanto, o que se observa no contexto dos negócios é que as organizações geralmente não agem dessa forma.

A explicação para tal fato é que nas relações econômicas entre empresas existem os chamados Custos de Transação (CT). Esses custos são originados pelas inerentes dificuldades das transações feitas no mercado. As empresas incorrem em custos transacionais toda vez que precisam definir, gerenciar e controlar suas transações com outras empresas, processo que envolve custos muitas vezes negligenciados, como os de negociação e formalização de contratos, obtenção e manutenção de clientes e acompanhamento de valores a receber. Alguns fatores influenciam decisivamente a intensidade desses custos, a saber: a "racionalidade limitada" do tomador de decisões, a incerteza sobre o futuro e a possibilidade de que determinados atores econômicos adotem um "comportamento oportunista". Logo, a falta de confiança nas relações da empresa com seu ambiente e a possibilidade de condutas oportunistas por parte de alguns agentes constituem questões centrais na existência dos CTs.

Por muito tempo o dilema "comprar ou produzir" esteve subjacente às decisões estratégicas das organizações. Na maioria das vezes, uma empresa tomaria a decisão racional de internalizar a produção de um determinado bem quando o Custo de Produção (CP), mais o Custo de Transação (CT), fosse superior ao Custo de Produção Interna (CPI) desse bem (CP + CT > CPI). Por outro lado, ela adotaria a estratégia de contratação no mercado quando o CP, mais o CT, fosse inferior ao CPI do bem em questão (CP + CT < CPI). Em síntese, há dois extremos possíveis de opções estratégicas para a empresa: de um lado, a escolha pela aquisição no mercado dos componentes necessários; de outro, a escolha pela produção interna dentro das próprias fronteiras hierárquicas da empresa.

Jarillo (1988), em contrapartida, argumenta que há uma questão importante mas pouco discutida pela teoria dos Custos de Transação. Para esse autor, os CTs podem ser afetados pela utilização de estratégias coletivas entre as empresas. A cooperação reduz o oportunismo entre os agentes econômicos, o que é apontado por Williamson (1975) como um dos principais fatores para a geração de CTs. E a estratégia coletiva favorece a criação de uma "atmosfera" de relacionamentos duradouros, em que a informação e o *know-how* são compartilhados com maior liberdade entre as partes e os problemas são resolvidos de forma mais eficiente.

Além disso, ao adotar estratégias coletivas, as empresas passam a ter maior capacidade de adaptação às mudanças, reduzindo a segunda fonte de Custos de Transação, que é a incerteza ambiental. Esse diferencial é particularmente importante na economia do século XXI, caracterizada pela evolução acelerada das inovações, breves ciclos de vida dos produtos e empresas pressionadas a responder rapidamente às mudanças nas preferências dos clientes.

Em face dessas evidências, podemos considerar os arranjos colaborativos, pouco enfatizados pela perspectiva dos CTs, uma terceira via de organização das atividades econômicas, situada entre o mercado (comprar) e a hierarquia (produzir). As estratégias coletivas apontam que, entre produzir internamente ou adquirir os componentes de terceiros, existe a possibilidade de fabricar um bem a partir de um conjunto de empresas. Essa estratégia poderá proporcionar à organização os benefícios da hierarquia (melhor coordenação, redução dos custos de transação), aliados aos benefícios da contratação (aumento de flexibilidade e ganhos de especialização na produção). Esses ganhos são a essência das estratégias coletivas, tema que será aprofundado a seguir.

Estratégias coletivas: a perspectiva emergente

O conceito de estratégias coletivas, assim como a maior parte dos estudos sobre cooperação interorganizacional na ciência administrativa, surgiu com maior vigor a partir da década de 1980. Para consolidá-lo foram fundamentais os estudos desenvolvidos por Astley (1984) e por Astley e Fombrun (1983); sua maior contribuição foi mostrar que as estratégias empresariais não precisam limitar-se a relacionamentos concorrenciais, haja vista as inúmeras possibilidades para o desenvolvimento de ações colaborativas.

Em seu estudo sobre ambientes organizacionais e políticas de negócios, Astley (1984) identificou três concepções particulares da natureza organizacional. A primeira concepção é a do "cavaleiro solitário", em que as empresas assumiam o papel de pioneiras, lutando contra as contingências ambientais, sendo forçadas a adaptar-se às condições impostas. A segunda concepção é a da orientação egocêntrica, em que a escolha estratégica é determinada pela autossuficiência e pelas ações independentes. A terceira concepção é herdada da orientação militar da estratégia, em que as organizações são vistas como inimigas dentro de um ambiente voraz, sendo motivadas a assumir posições estratégicas de enfrentamento em seus respectivos campos de batalha.

Em contraposição a essas concepções, Astley e Fombrun (1983) apresentam a ideia de colaboração como uma alternativa para a política de negócios. Transformando os conceitos de competição em cooperação, de organização única em grupo de organizações e de separação em união, o autor destaca o conceito de estratégia coletiva, definindo-o como a formulação conjunta de políticas e implementação de ações pelos membros de coletividades interorganizacionais. As estratégias coletivas refletem a necessidade de as organizações promoverem ações de cooperação para lidar com suas naturais interdependências dinâmicas, da mesma forma que, na natureza, muitos animais aglutinam-se em grupos para se proteger e sobreviver.

Em decorrência, a noção de estratégias coletivas assumiu papel relevante nas decisões empresariais pelas vantagens que apresenta. Autores como Ebers e Jarillo (1998), por exemplo, destacam que, com a adoção de estratégias coletivas, uma empresa consegue alcançar e sustentar diferenciais competitivos a partir das seguintes vantagens: a) aprendizado mútuo, que levará a empresa a suportar melhor o processo de desenvolvimento de novos produtos; b) co-especialidade, em que as empresas participantes tornam-se lucrativas em novos nichos de produtos e mercados; c) melhor fluxo de informação, facilitando a coordenação do fluxo de recursos entre as empresas e reduzindo a incerteza nas relações; e d) economias de escala, resultado de investimentos conjuntos, como, por exemplo, em novos projetos de desenvolvimento de produtos.

No decorrer da década de 1990, o conceito de estratégia coletiva agregou a ideia de co-opetição. Brandenburger e Nalebuff (1995) trouxeram à tona a ideia de que as empresas deveriam pesar as consequências de suas estratégias individuais e coletivas. Ao adotar um comportamento individualista, elas poderiam sofrer perdas irreparáveis, como as que normalmente ocorrem nas guerras de preços. Por outro lado, a visão coletiva e meramente colaborativa abre espaço para ações oportunistas de competidores ardilosos, como o roubo de segredos industriais, por exemplo. Como solução, as organizações devem conhecer os prós e contras das estratégias individuais e coletivas e tomar suas decisões levando em conta o ambiente concorrencial no qual estão inseridas e as empresas com as quais estabelecem relacionamentos de negócios.

Ao pôr na balança esses prós e contras, a empresa perceberá a necessidade de desenvolver seu próprio comportamento estratégico. Apresentando-se como uma empresa propensa a cooperar e mantendo a reputação de bom parceiro, outras empresas tenderão a se aproximar. Em contrapartida, se ela se mostrar refratária à colaboração, acabará reputada como traidora e seus possíveis parceiros provavelmente se afastarão.

A solução desse dilema remete uma vez mais à discussão da Teoria dos Jogos, apresentada no Capítulo 2. Axelrod (1984) apontou que, em dilemas semelhantes, a melhor alternativa é adotar um comportamento "olho por olho, dente por dente". Alguns autores, no entanto, sustentam que, na vida real, outros comportamentos podem ser mais efetivos que o proposto por Axelrod (1984). Um desses comportamentos é o "firme mas justo",[2] defendido por Ridley (1996). Nessa proposta, o agente econômico coopera com os agentes que cooperam, aceita uma primeira e única traição, mas não hesita em punir novas traições. Ao contrário do "olho por olho, dente por

---

[2] "Firme, mas justo". A partir do original, em inglês, "Firm but Fair".

dente", a posição de agente "firme mas justo" permite reatar a cooperação com aqueles traidores que se mostrarem dispostos a cooperar novamente.

Em que pese a Teoria dos Jogos, as estratégias coletivas podem também se originar das decisões gerenciais ante as competências internas e as condicionantes enfrentadas em seu ambiente. Um dos esquemas conceituais que facilitam decidir quando é mais vantajosa a estratégia de cooperação é o baseado na Matriz CPC (Comprar, Produzir ou Cooperar).[3] A Matriz CPC (Figura 3.1) ajuda os gestores a determinar a maneira mais adequada de conduzir suas atividades de comprar do mercado, produzir internamente ou cooperar com um parceiro. Para tanto, ela combina em seus dois eixos a importância estratégica de uma determinada atividade e a competência da empresa em realizar tal atividade, quando comparada aos demais produtores.

A lógica da Matriz CPC centra-se no fato de que mesmo as maiores empresas já não conseguem executar todas as suas atividades produtivas internamente, necessitando optar pelas de maior prioridade. Como podemos observar na Figura 3.1, a empresa conta com três diferentes possibilidades de decisão quanto as suas atividades produtivas: (1) ou ela a adquire no mercado, (2) ou a produz internamente, (3) ou se alia a outras empresas para executá-la de forma colaborativa. As duas primeiras escolhas constituem

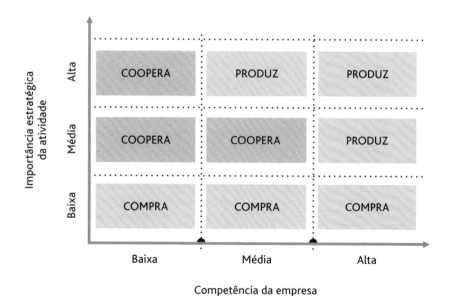

FIGURA 3.1 Matriz CPC.

---

[3] Matriz CPC. Desenvolvida neste livro a partir das considerações iniciais de Child, Faulkner e Tallman (2005).

estratégias individualistas, ao passo que a última representa a opção da estratégia coletiva.

Seguindo a lógica da Matriz CPC, se determinada atividade é de pouca importância estratégica para os negócios de uma organização, a opção mais adequada, independentemente da competência da empresa em realizá-la, é adquirir esse serviço junto ao melhor fornecedor possível. Exemplo de tais atividades são a limpeza, a segurança e a alimentação dos empregados, para as quais existem diversos prestadores de serviços especializados. Por outro lado, se determinada atividade possui média ou alta importância estratégica para a organização, as decisões tornam-se mais complexas. Caso a competência da empresa na execução dessa atividade varie entre média e alta, a melhor opção será realizá-la utilizando-se das competências internas e transformando-as em um dos seus diferenciais competitivos.

Como já salientado neste capítulo, algumas empresas têm por prática concentrar-se apenas naquelas atividades eminentemente estratégicas e para as quais dispõem de competências acima da média geral (PRAHALAD; HAMEL, 1990). Entre os exemplos mais conhecidos estão a Nike, focada no design e na gestão da marca, e a Dell Computers, centrada no relacionamento com clientes e na integração dos fornecedores.

De modo geral, contudo, observa-se que as organizações não possuem todas as competências necessárias para a execução de grande parte das atividades de média e alta importância estratégica. Nesses casos, a melhor opção é recorrer à colaboração de parceiros que possam, com os seus conhecimentos, ajudá-las a complementar suas competências. Essa opção é representada na Matriz CPC pelas células sombreadas.

Implementar uma estratégia coletiva, por mais explícitos que possam parecer seus ganhos, não é uma atividade simples. Diversos exemplos, como os co-laboratórios da IBM (Box 3.1), demonstram os níveis de complexidade presentes na execução de uma estratégia coletiva. Nesse caso em particular, era evidente a possibilidade de tirar proveito das complementaridades de ambas as partes na área de criação de desenhos animados, poder de distribuição, habilidades técnicas e *know-how* em *software* gráfico – tudo em prol da transformação da indústria de filmes de animação nos EUA. Para alcançar esses ganhos coletivos, no entanto, a parceria teve de passar por diversas reestruturações a fim de alinhar os diferentes e por vezes conflitantes interesses de cada uma das empresas envolvidas.

A partir das evidências apresentadas neste capítulo observa-se que as estratégias coletivas contêm atributos que permitem às empresas alcançar objetivos que não atingiriam individualmente. No entanto, mesmo com as evidências teóricas dos atributos das estratégias coletivas, essa é uma temática ainda pouco explorada no campo dos estudos sobre estratégia. Tal fato pode ser explicado por duas razões: a primeira está no recente surgimento dessa perspectiva nos estudos organizacionais; a segunda, e a mais provável, decorre do fato de as estratégias coletivas colidirem frontalmente com alguns dos postulados clássicos utilizados pela corrente dominante no campo da estratégia, postulados estes ainda arraigados na perspectiva da competição individualista.

Ainda assim, recorrentes iniciativas de cooperação entre empresas de pequeno médio e grande porte despontam exitosamente mundo afora. Algumas delas ocorrem entre duas empresas apenas, nas chamadas díades, enquanto outras ocorrem em tríades. O próximo capítulo aprofundará essas formas de coperação, dando ênfase às alianças e *joint ventures* entre empresas e também aos chamados projetos colaborativos temporários, que permitem relações cooperativas em períodos menores de tempo.

BOX 3.1
OS COLABORATÓRIOS GLOBAIS DA IBM

A gigante da informática IBM está rondando o mundo para montar o que chama de colaboratórios, que mistura seus próprios pesquisadores aos especialistas de governos, universidades e empresas. Para a IBM, a atração é clara. A estratégia colaborativa significa mais pesquisa com aproximadamente a mesma quantidade de dinheiro. Fazer pesquisa com uma variedade de parceiros em muitos lugares também expõe a empresa a desafios científicos e ideias que, de outra maneira, ela poderia não encontrar.

A estratégia marca uma quebra violenta na maneira como as companhias tem historicamente conduzido sua pesquisa básica. Por décadas, empresas como IBM, AT&T e Xerox cuidaram do trabalho em seus laboratórios como algo secreto. As instalações dedicadas à pesquisa se assemelhavam a fortalezas, com passes especiais para as áreas mais sensíveis. Em anos recentes, companhias como a Hewlett-Packard (HP) e a INTEL começaram usar talentos de fora para partes essenciais do esforço de ciência e tecnologia. A IBM está dando um passo gigantesco adiante ao tornar a colaboração com forasteiros uma parte essencial de sua estratégia de pesquisa. A profundidade da colaboração, o número de parceiros, a equipe envolvida e seu alcance global diferenciam a IBM. "Para se mover nessa direção você precisa estar disposto não só a correr riscos, mas estar aberto a aceitar ideias do mundo todo", diz Soumitra Dutta, professor da escola de negócios Insead na Europa.

Por anos, a jóia da coroa da IBM foi seu departamento de pesquisa, que reúne 3 mil cientistas. Embora as receitas tenham caído, o orçamento para pesquisa permanece estável. Graças em grande parte a seus laboratórios, a IBM permanece na vanguarda da supercomputação, da produção de chip e do gerenciamento de centros de dados. A estratégia dos colaboratório da IBM surgiu na administração John E. Kelly como diretor do departamento de pesquisas durante um período difícil. Avançar sozinho na manufatura de chip havia se tornado proibitivamente caro, então, Kelly fechou acordos de desenvolvimento com oito empresas nos EUA e no exterior e ajudou o Estado de Nova York a estabelecer uma unidade de pesquisa de nanotecnologia. Em semanas, o conceito do "colaboratório" estava pronto. "Estou convencido de que você pode fazer uma colaboração real e radical se todas as estrelas se alinharem", diz Kelly.

Com os "colaboratórios", a IBM espera fazer da pesquisa um fator de contribuição ainda maior. A expectativa é de que cada associação tenha equipes de 10 a 100 cientistas voltados a tecnologias que possam entregar resultados em um período de tempo relativamente curto. A estratégia está ligada ao que a IBM chama de "Smarter Planet", pela qual oferece tecnologias e serviços para melhorar o sistema de transporte, redes elétricas e outros sistemas.

Mas construir instalações para os laboratórios e contratar grandes equipes é caro. Por isso, IBM, começa a estabelecer relações estreitas com universidades e governos estrangeiros. Ela já formatou seis acordos para colaboratórios: na Arábia Saudita, Suíça, China, Irlanda, Taiwan e Índia. Enquanto a maioria dos planos de ação entre empresas e pesquisadores universitários exige que os investimentos venham das companhias, a IBM quer que pelo menos 50% dos recursos venham dos parceiros. Além disso, os objetivos devem estar concentrados em áreas de pesquisa que a IBM considera cruciais para seu futuro. Por exemplo, a IBM está construindo e dirigindo em parceria com a ETH Zurich, uma universidade pública da Suíça, um novo laboratório de semicondutores de US$ 70 milhões destinado à pesquisa de nanotecnologia. A IBM espera que a pesquisa ajude a produzir a próxima geração de semicondutores, substituindo tecnologias que têm reinado por quase meio século.

John Kelly afirma que há demanda suficiente para mais 100 associações desse tipo. "O mundo é nosso laboratório agora", diz Kelly. "Podemos ter um impacto muito maior na companhia e em nossa atividade de pesquisa se operarmos desse jeito." Só na China dezenas de potenciais acordos estão sendo discutidos e uma parceria já saiu do papel. A IBM trabalha com a China Telecom, estatal das comunicações, para aplicar sua tecnologia de análise de dados ao enorme banco de assinantes da operadora. Como teste, a China Telecom queria entender os desejos do consumidor para compor pacotes de serviços móveis, fixos e de banda larga. Usando os algoritmos da IBM, os pesquisadores estão vasculhando bilhões de registros de serviço à procura de padrões.

No entanto, a IBM e outras companhias que tem estratégias coletivas semelhantes enfrentam obstáculos complexos. Não é fácil montar e dirigir esse tipo de laboratório. Primeiro, a IBM tem de peneirar entre centenas de potenciais parcerias para encontrar as mais adequadas. Então, ela e seus parceiros tem de negociar contratos que definam responsabilidades e protejam os interesses de cada um dos lados. Outro grande desafio é lidar com a propriedade intelectual. Em um acordo típico de pesquisa colaborativa, a IBM procura partilhar a propriedade intelectual ou obter direitos exclusivos sobre ela, mas isso nem sempre é aceitável para uma universidade. Um potencial projeto da IBM no Leste Europeu desintegrou-se no ano passado porque a universidade queria controlar tanto a propriedade intelectual como a pauta da pesquisa.

Não há garantia de que a IBM se mostrará capaz de efetivar essa abordagem de trabalho em grande escala. Muitos dos projetos conjuntos enfrentam problemas quando as companhias envolvidas passam a brigar por causa de despesas e direitos de propriedade intelectual. Mas se a abordagem der certo para a IBM, outras companhias poderão segui-la. "Essa é uma grande maneira de diversificar seu portfólio de pesquisa, reforçar o que você já tem e obter novos conhecimentos e invenções", diz Karim R. Lakhani, professor da Escola de Negócios de Harvard.

Fonte: Adaptado de Hamm (2009).

4
Cooperação por meio de díades e tríades

A literatura sobre cooperação tem apresentado diversas tipologias de arranjos colaborativos. Além das redes multiatores, aprofundadas na sequência do livro, existem uma vasta literatura sobre modelos de cooperação em forma de díades (dois atores) e de tríades (três atores). Neste capítulo vamos detalhar essas três formas mais comuns de díades e tríades e sua aplicação no contexto das organizações.

Díades

Díades são relações interorganizacionais que ocorrem entre duas organizações. A principal diferença com uma relação comercial tipo *business-to-business* está no estabelecimento de relações que apresentam um interesse comum, com níveis de interdependência e que buscam alcançar um ganho coletivo que não seria possível atuando de forma individual. Na atual dinâmica das organizações em que aprendizagem e inovação são a tônica da competitividade, as configurações do tipo díade, entre elas a aliança estratégica e a *joint venture*, têm se tornado mais frequentes.

Quando uma determinada organização quer atuar rapidamente em uma nova área de conhecimento ou ter acesso a novas tecnologias ou mercados, ela geralmente têm, ao menos, três opções: comprar uma empresa já atuante naquele mercado; encontrar um parceiro e constituir uma terceira empresa com o objetivo de compartilhar conjuntamente o risco (*joint venture*) ou formar uma aliança estratégica, por meio da atuação colaborativa com um novo parceiro, que também irá se beneficiar do resultado coletivo. A expansão da empresa por meio de aquisições e fusões nem sempre é um caminho possível para a maioria das empresas, especialmente por envolver altos custos e riscos, além de eventuais barreiras legais. De forma alternativa, a formação de alianças e *joint ventures* poderá ser um caminho estratégico que envolve menores custos, riscos e que não afetam a autonomia e a identidade das empresas parceiras.

No caso da díades do tipo aliança estratégica e *joint ventures*, existem na literatura organizacional múltiplas definições, muitas até confusas. Alguns autores colocam essas duas configurações como sinônimas e outros, como distintas. Neste livro sustentamos que essas duas configurações apresentam propósitos semelhantes, distinguindo-se pelo formato que assumem. As alianças estratégicas são acordos colaborativos que podem constituir-se com participação acionária (*equity alliances*) ou sem participação acionária (*nonequity alliances*) em que as empresas parceiras buscam colaborativamente alguns ganhos que teriam dificuldade de alcançar individualmente, como por exemplo, maior poder de mercado, economias de escala, acesso ou complementaridade de recursos, entre outros.

Já as *joint ventures*, como o nome sugere, tem o objetivo de reduzir ou compartilhar o risco em determinados projetos estratégicos. São formadas, em sua maioria, por meio de acordos *equity* em que duas organizações formam uma terceira (a *joint venture*). Nesse caso, a *joint venture* é de propriedade conjunta e pode acessar ativos, conhecimentos e recursos de ambos os seus parceiros, podendo combinar as melhores características dessas empresas, sem alterará-las na sua essência. A nova empresa é uma entidade que vai ter autonomia no negócio e os dividendos serão de propriedade das empresas-mãe. Sejam utilizadas para proteger as empresas-mãe do risco de um novo empreendimento ou até por questões legais, como no caso de alguns países que exigem que todas as empresas que fazem negócios dentro de suas fronteiras, pelo menos em parte, tenha propriedade de cidadãos desse país.

Como pontos comuns, tanto das alianças estratégicas, quanto das *joint ventures* é que ambas são governadas por instrumentos contratuais (GULATI, 1998) e envolvem acordos de longo prazo, com tempo suficiente para o alcance dos objetivos estratégicos que, na maioria dos casos, é superior a 10 anos. Outro ponto em comum é que ambos os arranjos são constituídos por duas organizações que possuem algum tipo de competência ou recursos complementares, como pode ser observado na aliança entre o Disney e Pixar, ilustrada no Box 4.1. Enquanto as *joint ventures* assumem uma configuração muito específica e legal para a criação de um novo empreendimento, que será gerado colaborativamente entre as empresas parceiras, as alianças estratégicas podem assumir formas distintas.

BOX 4.1
A ALIANÇA QUE TRANSFORMOU DISNEY E PIXAR

A Pixar foi originalmente fundada por George Lucas no intuito de desenvolver imagens computadorizadas de apoio aos filmes tradicionais. Ela foi a empresa responsável pelo desenvolvimento do software de geração de imagens em terceira dimensão utilizado em cenas de ação e em diversos curtas-metragens de animação. Com seus avanços, acabou chamando a atenção da indústria da informática, sendo adquirida por Steve Jobs no ano de 1986. Após a transferência de comando, a Pixar decidiu ingressar no lucrativo segmento de desenhos animados com tecnologia de ponta; porém, não dispunha nem do capital necessário, nem do conhecimento exigido para produzir e distribuir desenhos computadorizados em larga escala.

A Disney, por sua vez, havia já muito tempo ocupava a liderança do mercado de desenhos animados tradicionais, além de possuir o maior canal de distribuição e vendas de mercadorias relacionadas a essas animações. Sob a direção do CEO Michael Eisner, um dos executivos mais bem pagos do mundo, a empresa também conservava sua aura de poder e influência em Hollywood.

Ao perceberem que cada uma das companhias possuía as competências de que a outra necessitava, a Pixar e a Disney decidiram unir forças e trabalhar juntas em projetos tecnológicos na área de animação. No ano de 1991, aceitaram colaborar em três desenhos animados computadorizados de longa duração, começando com Toy Story. A parceria se estendeu até o ano de 1997, com o acordo de produção de mais cinco desenhos animados e um arranjo relacional melhor balanceado. Inicialmente, a Disney tinha direito a 85% dos lucros, além de possuir todos os direitos autorais sobre os filmes e suas sequências.

Juntas, as duas empresas conseguiram produzir e distribuir seis desenhos animados, todos campeões de bilheteria. À medida que cresciam os conhecimentos da Pixar sobre como roteirizar, produzir e distribuir desenhos animados, Steve Jobs passava a ter maior poder de barganha para negociar e obter uma parte maior das receitas da Disney com os desenhos animados e a venda de produtos relacionados.

Em 2004, a marca Pixar já se destacava como referência em desenhos animados computadorizados. Assim, a parceria que já durava mais de 10 anos precisava sofrer uma renovação. Todavia, seus principais executivos, Steve Jobs e Michael Eisner, não conseguiam chegar a um acordo, entre outros motivos porque a Pixar não aceitava os porcentuais de distribuição dos resultados. Paralelamente, Michael Eisner ainda sofria pressões internas do conselho de administração da Disney – encabeçado por Roy Disney, sobrinho de Walt Disney – para que se afastasse do cargo de CEO. O descompasso degenerou em asfixia criativa e gerou uma profunda e sangrenta crise entre o presidente da companhia – o prestigiado executivo Michael Eisner – e os acionistas. Foi sob esse estado de ânimo que o atual presidente, Robert Iger, assumiu o comando em 2005.

> Com a chegada de Iger, iniciou-se um processo de reaproximação que, em janeiro de 2006, resultou na aquisição da Pixar pela Disney por 7,4 bilhões de dólares. O vice-presidente executivo da Pixar, John Lasseter, considerado a maior força inspiradora por trás das produções do estúdio, assumiu o cargo de executivo-chefe para a área de criação de toda a divisão de animação do conglomerado e passou a acumular o posto de conselheiro criativo da Disney Imagineering, empresa que projeta as atrações dos parques temáticos da Disney. Os parques, alguns deles em estado de conservação tão precário que eram alvo de protestos na internet – como a Disneylândia, na Califórnia – ganharam brinquedos inspirados nos filmes da Pixar, como Toy Story e Procurando Nemo. O resultado foi perceptível nos números: o lucro da divisão de parques cresceu 11% entre 2006 e 2007 e a divisão de filmes cresceu 64% no mesmo período. "Ao comprar a Pixar, Iger deu um passo fundamental para a revitalização", disse Marcos Rosset, ex-presidente da Disney no Brasil. "Filmes bem-sucedidos têm impacto direto em vários negócios, dos parques de diversões ao licenciamento de marcas."
>
> Além de expandir a distribuição dos conteúdos de suas séries, a empresa tornou-se o primeiro grande estúdio a colocar filmes de longa-metragem no iTunes, com 75 títulos para download, como Piratas do Caribe e A Lenda do Tesouro Perdido. Apenas na primeira semana de oferta dos filmes, foram realizados 125 000 downloads, no valor de 1 milhão de dólares. "Medidas como essa fizeram com que a Disney voltasse a ser vista como uma empresa de vanguarda, na qual vale a pena trabalhar", disse um alto executivo da companhia nos Estados Unidos.
>
> **Fonte:** Adaptado de Barnes (2008), Camargos (2008) e Child, Faulkner e Tallmann (2005).

Conforme Yoshino e Rangan (1996) as alianças estratégicas podem apresentar as seguintes formas: a) alianças pró-competitivas: são alianças verticais entre o fabricante e seus fornecedores, ou entre o fabricante e seus distribuidores. Nesses casos, as empresas se unem para aperfeiçoar produtos e processos, e, geralmente, não competem entre si; b) alianças não competitivas: as empresas desenvolvem o mesmo tipo de negócio, mas nem por isso se veem como fortes concorrentes entre si. São alianças em que não há concorrência entre as partes, mas, ao contrário das pró-competitivas, exigem um alto grau de interação; c) alianças competitivas: apesar das empresas que adotam esta estratégia serem concorrentes diretas, formam alianças com alto grau de interação. A possibilidade de aprendizado, ganho de escala e redução de risco e custos são as principais intenções dos gestores das alianças competitivas; e d) alianças pré-competitivas: são formadas por empresas que não competem entre si, num primeiro momento, e têm um baixo grau de interação. Ao atingir o objetivo da aliança, as empresas passarão a fabricar e comercializar o produto gerado independentemente.

Por isso, tendem a restringir suas interações às atividades essenciais para o desenvolvimento da habilidade planejada por ambas.

Para o êxito de qualquer arranjo colaborativo o bom relacionamento entre os parceiros é uma questão-chave. No caso das díades tipo aliança estratégica ou *joint venture* esse ponto é ainda mais crítico, pois envolve um relacionamento de longo prazo entre poucos atores. Diante disso, a escolha de qual parceiro a empresa irá escolher para atuar em uma parceria estratégica é um ponto fundamental para o seu êxito. O trabalho que Cummings e Holmberg (2012) apresenta algumas dimensões que devem ser considerados para a seleção de empresas parceiras: atividade-relacionada, parceria--relacionada, aprendizagem-relacionada e risco-relacionado.

a. Atividade-Relacionada – refere-se às atividades específicas em que uma aliança ou *joint venture* será formada, considerando que empresas podem obter vantagens de sinergia combinando recursos complementares e competências entre as empresas parceiras. A sinergia pode ajudar a empresa a ganhar massa crítica, alcançar novos mercados e preencher lacunas de habilidades, permitindo construir uma forte posição central em coalisões chaves, criar novas oportunidades e adquirir novas competências.

b. Parceria-Relacionada – O sucesso de uma aliança ou *joint venture* depende de um efetivo e eficiente alinhamento entre os parceiros envolvidos, mesmo que uma perfeita equivalência de benefícios mútuos seja quase impossível, porém algumas formas de reciprocidades devem existir. Mesmo quando as partes estão positivamente dispostas a trabalharem juntas, dificuldades geralmente aparecem devido aos desafios inerentes em fazer a ponte entre diferenças culturais, experiências, confiança, padrões de comunicação, sistemas sociais, estruturas institucionais, entre outras.

c. Aprendizagem-Relacionada – A maioria das alianças envolve algum grau de aprendizagem entre os parceiros como um importante elemento no seu projeto. Em muitas alianças, as organizações falham ao adquirir ou compartilhar efetivamente o conhecimento. Pesquisas apontam que gestores podem falhar para avaliar adequadamente o conhecimento necessário para a aprendizagem completa, mesmo quando eles tomam posse da fonte de conhecimento. Para Doz e Hammel (1998) o nível de integração de atividades, similaridade das culturas e objetivos organizacionais, afeta a habilidade das empresas da aliança aprenderem uma com a outra.

d. Risco-Relacionado – Os riscos da parceria contemplam aspectos ligados ao desempenho, pois alianças e joint ventures podem ser criadas baseadas em metas de desempenho irrealistas, derivadas de objetivos e aspirações das partes que estão simplesmente muito ansiosas para fazer o negócio. Outro risco relacionado pode ser ligado à competição emergente, em que o parceiro pode se tornar um competidor. Outros riscos podem estar ligados a assimetria de informações e a própria imagem quanto o parceiro tiver alguma conduta imprópria no contexto de negócios.

Tríades

Tríade é um conjunto de três unidades intimamente relacionadas, como três pessoas, três empresas, três objetos, e, mais abstratamente, três ideias ou três conceitos. Para o entendimento da cooperação interorganizacional, o principal foco de estudo são as tríades entre empresas, embora o estudo das demais tríades, entre pessoas e ideias, por exemplo, também possa ser realizado. O sociólogo alemão Georg Simmel foi quem, no início do século XX, primeiro apontou a relevância, ou "a significância sociológica", do terceiro ator (elemento) e analisou as diferenças fundamentais entre díades e tríades (SIMMEL, 1950). Segundo Simmel (1950), estar isolado, ou em uma relação exclusiva entre duas pessoas e, por fim, entre três, produz diferentes tipos de interação entre os atores. "No caso de três atores, cada um opera como um intermediário entre os outros dois, exibindo a função dupla de tal agente, que é a de unir e separar [...] é um enriquecimento do ponto de vista sociológico formal." (SIMMEL, 1950, p. 135).

Simmel (1950) descreve em seus estudos três tipos de formação de grupos triádicos, suas características e implicações. O primeiro deles, mediador não participante, retrata uma situação onde um terceiro ator atua como mediador ou árbitro de um conflito, sem, no entanto participar dele. Nesse caso, o terceiro ator, como não participante direto da relação, tem a função de produzir o acordo entre as duas partes em conflito ou atuar como árbitro que equilibra as reivindicações contraditórias de um contra o outro e elimina as incompatibilidades entre elas. Simmel (1950) faz uma distinção entre o mediador, ator que apenas guia o processo de acomodação entre os outros dois e não participa do processo decisório, e o árbitro, que se envolve e pode acabar decidindo em favor de um dos lados.

O segundo tipo, conhecido como *divide et impera* (do latim, dividir para governar), ocorre quando um terceiro ator intencionalmente provoca o conflito para obter uma posição dominante. Nesse caso de dividir para governar, o terceiro ator está diretamente envolvido na relação e tem como estratégia dividir duas partes que, juntas, podem ter uma posição vantajosa em relação a ele. A terceira parte sabe como mudar as forças que estavam (ou poderiam estar) combinadas contra ele. Se as outras duas partes ficam divididas e enfraquecidas, o terceiro ator consegue ter uma posição de superioridade. Estes estratagemas são empregados tanto por governos, na manipulação de partidos políticos, quanto em disputas entre empresas competidoras. É o caso de uma poderosa empresa perante dois competidores menores. Antes que os competidores se unam, gerando um incômodo competitivo, o mais poderoso pode ser/agir para dividi-los. A fim de evitar a coalizão dos outros dois, ele pode estabelecer um acordo com o mais forte, conseguindo, com isso, a eliminação do mais fraco. Feito isto, o segundo também pode ser eliminado no futuro por artifícios como reduções de preços.

O terceiro caso, *tertius gaudens* (do latim, o terceiro que lucra, que se beneficia), também envolve relações cooperativas e competitivas entre as partes. Nesse caso, duas partes competem pelo favorecimento do terceiro ator, que, portanto, está em uma posição superior pois tem o poder de escolher uma delas. Assim, o terceiro ator tem a possibilidade de considerar na sua escolha as vantagens que uma ou outra parte ofereça. O poder dos dois outros atores é reduzido nessa competição pela decisão do terceiro, o qual poderia ter até uma posição mais fraca que os demais. Vale ressaltar que no momento em que os outros dois atores perceberem a situação e passarem a cooperar, a posição privilegiada do terceiro desaparecerá. Por este motivo, várias pessoas e empresas evitam entrar em leilões, pois neles a competição pela compra do bem leiloado é ostensiva. O leiloeiro utiliza o desejo mútuo pelo bem para valorizá-lo e vendê-lo pelo melhor preço possível.

Os estudos seminais de Simmel (1950) sobre as tríades ganharam maior interesse a partir dos trabalhos de Burt (1992), que avançou no conceito do *tertius gaudens* e desenvolveu o conceito de buracos estruturais. Um buraco estrutural existe quando há dois atores sem conexão entre si, exceto por meio de um terceiro ator. A Figura 4.1 ilustra esta situação.

A abordagem de Burt (1992) para os buracos estruturais é, porém, mais ampla, abrangendo a análise da estrutura social da competição. A competição e a cooperação ocorrem quando os jogadores têm relações estabelecidas

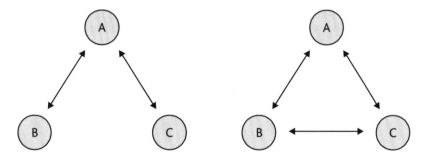

Tríade com buraco estrutural   Tríade sem buraco estrutural

FIGURA 4.1   Buracos estruturais em tríades.

com outros. Conforme as conexões se formam entre os jogadores, buracos estruturais se abrem ou se fecham. Os buracos estruturais representam, então, oportunidades de acesso à informação e de controle. Jogadores com melhores conexões conseguem se posicionar nos buracos estruturais existentes entre dois atores. Eles podem ser tornar *tertius gaudens*, obtendo ganhos ou taxas de retorno maiores para seus investimentos, pois têm acesso e sabem como obter recompensas da desconexão entre os outros jogadores.

Além dos benefícios em termos de informação, os buracos estruturais, também geram benefícios em termos de controle, dando a certos jogadores uma vantagem na negociação de seus relacionamentos. É aqui que a estratégia do *tertius gaudens* de Simmel (1950) aparece mais diretamente: o terceiro que obtém benefícios por intermediar relacionamentos entre outros jogadores que não estão conectados diretamente. Este terceiro ator, por sua posição privilegiada, pode controlar os outros dois, mesmo sendo ele a parte mais fraca. Ele pode explorar esta condição, por exemplo, se alinhando com um dos atores e formando uma coalizão contra o outro, ou jogando um contra o outro, uma vez que eles não têm uma ligação direta. A estratégia de jogar um contra o outro pode ser utilizada para o caso de competição pelo mesmo relacionamento, por exemplo, em situações envolvendo dois fornecedores e um comprador. Neste caso, o comprador pode exercer maior poder de barganha jogando um fornecedor contra o outro e assim obter um preço menor.

Em estudo mais recente, Obstfeld (2005) apresenta uma estratégia contrastante a do *tertius gaudens*, o *tertius iungens* (o terceiro que une). Ao invés do terceiro ator intermediário obter benefícios explorando a ausência de relação direta entre as outras duas partes, a orientação estratégica do *tertius iungens* propõe exatamente o contrário: o ganho do terceiro ator ocorre com a conexão das outras duas partes. Esta proposta está alinhada com o primeiro tipo de tríade descrito por Simmel (1950), o mediador não participante que cria ou preserva a unidade do grupo. Observe o caso de um corretor de imóveis. Ele se beneficia da sua posição entre dois atores, um comprador e um vendedor de imóvel, que não se conhecem. Se ambos já se conhecessem, o negócio da compra e venda do imóvel provavelmente não o envolveria. Mas o corretor não quer jogar um contra o outro, pelo contrário quer aproximá-los e viabilizar a concretização do negócio. Sua recompensa, a taxa de corretagem, só se materializará com a conexão das partes. Ele é, portanto, o *tertius iungens* – o terceiro que une.

Considerando-se estas orientações, os papéis do terceiro intermediador em tríades poderiam ser descritos de quatro formas diferentes. Dentro da estratégia *gaudens*, o intermediário pode ter como função coordenar as ações e o fluxo de informação entre partes separadas e manter e explorar a separação das partes. Dentro da estratégia *iungens*, o intermediário pode ser responsável por introduzir laços ou facilitar os já pré-existentes de forma que sua coordenação com o tempo diminua. Ou ele pode facilitar a interação entre as partes e manter ou reforçar seu papel de coordenação ao longo do tempo.

Quando os atores são empresas ou grupos e não pessoas, é possível que os chamados terceiros atores possam desempenhar diferentes papéis em tríades. Para facilitar este entendimento, Gould e Fernandez (1989), descreveram cinco diferentes papéis de intermediação por empresas, representados graficamente na Figura 4.2. Na concepção dos autores, o papel da empresa intermediária depende das características das partes e do contexto em que estão inseridos. Assim, é possível que os atores se diferenciem por sua atividade de forma que as relações entre alguns atores tenham diferentes significados quando comparadas as relações entre outros atores (KIRKELS; DUYSTERS, 2010).

Um dos possíveis papéis de intermediação é o de coordenador (a), no qual o terceiro ator age para reforçar a interação entre as empresas. O seu ganho decorre das possibilidades da atuação conjunta dos três atores e de sua posição de coordenador das atividades. Um segundo papel é o de *gatekeeper* ou porteiro (b), no qual o terceiro ator tem o poder de decidir se repassa ou não uma informação ou oportunidade de uma empresa a outra. Seu ganho decorre, portanto, de quão importante a segunda empresa pode julgar tal informação. Um terceiro papel é o de representante (c). Nesse caso, o terceiro ator age de forma oposta ao *gatekeeper* pois seu interesse aqui é divulgar e passar adiante uma informação ou oportunidade, e não barrá-la. O seu ganho como representante estará ligado a sua capacidade em difundir a informação. O quarto papel é chamado de consultor (d). Como se pode perceber, sua função primordial é a de mediação das possíveis relações empresariais. Seu ganho irá decorrer do sucesso que essas relações vierem a gerar. Por fim, o último papel é o de conector (e), o qual se assemelha muito com a ação de um corretor cujo ganho se dá com a ligação dos dois outros atores.

Cabe salientar que embora uma determinada relação de intermediação se encaixe em apenas um dos cinco tipos propostos, as empresas ou grupos podem desempenhar mais de um papel simultaneamente. Vale ressaltar também que os papéis descritos se limitam às tríades onde existam buracos

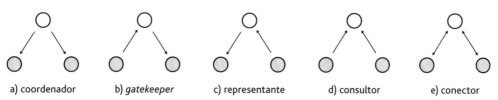

a) coordenador   b) *gatekeeper*   c) representante   d) consultor   e) conector

FIGURA 4.2   Tipos de intermediação.
Fonte: Adaptada de Gould e Fernandez (1989).

estruturais entre dois atores. Em tríades fechadas, nas quais todos os três atores estão conectados, o papel e o poder do terceiro ator intermediário perde força. Novos papéis emergem para criar e manter as relações entre os parceiros. O Box 3.2 exemplifica estes papéis na crescente indústria de energia eólica do Brasil.

BOX 4.2
A INTERMEDIAÇÃO NA IMPLANTAÇÃO DE PROJETOS EÓLICOS

O Complexo Campos Neutrais devolve ao Rio Grande do Sul o título que as eólicas do município de Osório perderam em 2012 para o complexo Alto Sertão I, na Bahia. Com a assinatura da ordem de serviço para as obras do Parque Eólico Chuí, dá-se mais um passo em direção ao predicado de maior complexo eólico da América Latina. Somam-se ao Chuí o parque eólico Geribatu, em Santa Vitória do Palmar, e o parque eólico Hermenegildo, ainda em fase de licenciamento. Os três empreendimentos formam o Complexo Eólico Campos Neutrais, cujo investimento total é de R$ 3,5 bilhões – R$ 2,7 bilhões em geração e R$ 800 milhões em transmissão –, cifra inédita nas economias das pequenas cidades da metade sul do estado. Com 583 megawatts (MW) de capacidade instalada, o complexo terá 302 aerogeradores (72 no Chuí, 101 no Hermenegildo e 129 em Santa Vitória).

Mas a implantação de um parque eólico desta grandeza não é tarefa para apenas uma empresa. Diversas empresas com especialidades variadas, mas complementares, são contratadas e subcontratadas. Trata-se de um projeto interorganizacional complexo e a coordenação simultânea do conjunto de empresas participantes representa um grande desafio gerencial. O desempenho de cada um dos fornecedores principais é dependente da efetividade da execução dos demais e também da execução de seus subcontratados. Mas o desempenho do projeto depende da efetividade global do conjunto de empresas participantes.

Não basta ao proprietário do projeto acompanhar o desempenho individual de seus contratados. É preciso assegurar que as interfaces sejam conectadas e concatenadas adequadamente. Caso contrário, falhas ou atrasos podem resultar em prejuízos financeiros de grande monta para os empreendedores e fornecedores. Em uma situação de atraso no cumprimento do prazo contratado com o governo para o fornecimento de energia, o empreendedor terá que comprar energia de outro parque já instalado (a preços significativamente mais elevados) para atender ao que foi prometido. Por outro lado, se o empreendedor concluir a instalação antes do prazo, ele poderá vender energia a um preço superior neste período. Então a execução da obra no prazo, na qualidade e no custo planejado é fundamental para o resultado final do investimento.

Neste contexto interdependente, as empresas que conseguem exercer papéis de intermediação, eliminando buracos estruturais, são fundamentais para a implantação bem sucedida de um parque. A implantação de um dos grandes parques eólicos do Rio Grande do Sul relevou exatamente isso. A empresa responsável pela execução da infraestrutura elétrica do parque e a empresa instituída para apoiar o proprietário na gestão da obra eram as principais integradoras do projeto. Utilizando-se de suas posições no centro de buracos estruturais entre seus contratados e subcontratados, elas atuaram como consultores e conectores dos fornecedores e coordenaram a implantação do parque nove meses antes do prazo final. Outro benefício destacado pela empresa responsável pela infraestrutura elétrica foi a facilidade na negociação de contratos junto ao proprietário do parque, conforme ressaltado por seu diretor: "Na negociação inicial já haviam sido feitos vários ajustes ao contrato original. Ainda assim, durante o andamento do projeto, obtivemos flexibilidade para novos ajustes e acordos de compensação, além de acordos informais, o que nos satisfez e contribuiu para nosso bom desempenho no projeto".

Uma terceira empresa importante para o sucesso deste projeto foi o fornecedor do aerogerador. Ela atuou como um conector de outras empresas do mesmo grupo de atividade garantindo o fornecimento de bens e serviços para as etapas subsequentes. Como sua experiência na implantação de parques, a partir de um histórico de projetos implantados em outros países, era superior ao da maioria das empresas participantes ela também atuou como um intermediário representante. Durante todo o período de implantação, ela compartilhou informações e conhecimentos especializados valiosos para a execução antes do prazo e contribuiu para o bom desempenho financeiro do projeto de implantação do parque.

Fonte: Adaptado de Adami (2015) e Parque... (2014).

5

Redes de cooperação

A emergência do fenômeno das redes

Rede tornou-se um termo largamente empregado em diversas situações para explicar uma série de fenômenos da vida contemporânea – daí a multiplicidade de conceitos elaborados a fim de decifrar seu exato significado. Todavia, apesar dos esforços de teóricos das mais diversas áreas do conhecimento, não há ainda uma definição clara e inequívoca de rede. Para compreender esse conceito amplo e complexo, o caminho mais adequado é traçar a origem e a evolução da Network Form – N-form.

Nos primórdios da civilização, quando não havia ainda a preocupação acadêmica de estabelecer conceitos, rede significava para os caçadores uma pequena armadilha para capturar pássaros, composta por um conjunto de fios entrelaçados cujos "nós" eram formados pelas intersecções desses fios. Essa imagem de fios entrelaçando-se em nós e formando um novo objeto com uma nova utilidade em relação aos fios soltos logo se propagou para outras estruturas de entrelaçamento de fios, linhas ou cordas, tais como as redes de pesca e as redes de descanso.

No século XX, esse termo adquiriu um sentido mais abstrato, passando a denominar todo o conjunto de pontos com mútua comunicação. Assim, começou a ser empregado, na perspectiva sociológica, para explicar o fenômeno das relações de reciprocidade entre seres humanos. Somente a partir da virada da década de 1960 para a de 1970 é que surgiram as primeiras tentativas de definir o conceito abstrato de rede. Em uma das primeiras formalizações nesse sentido, Mitchell (1969) definiu-o como um tipo específico de relacionamento entre homens, objetos e eventos. Como na ideia original, os nós da rede correspondem aos homens, objetos e eventos da perspectiva sociológica, enquanto os fios cor-respondem às informações e aos recursos que ligam esses nós. Juntos, em rede,eles dão forma a uma nova estrutura social, que emerge em resposta a um determinado objetivo coletivamente almejado.

Essa compreensão sociológica do conceito de rede passou a ser empregada e aprimorada nas ciências sociais durante as décadas de 1970 e 1980. Ao final dos anos 1980, a concepção de rede já se consolidava como arranjos relacionais estruturados de transações entre membros de um sistema social (WELLMAN; BERKOWITZ, 1988). Paralelamente, a ideia de rede espalhou-se pelas demais áreas do conhecimento nas quais células individuais interdependentemente conectadas e as novas unidades daí decorrentes pudessem explicar algum tipo de fenômeno (FOMBRUN, 1982). Na informática, por exemplo, o conceito tem sido adotado com o intuito de potencializar o conjunto de recursos disponíveis nos computadores pessoais, interconectados por meio de cabos de comunicação, moduladores e demoduladores, dando forma a robustas redes de informações que, por sua vez, remetem à maior de todas as redes: a internet (CASTELLS, 2003).

A contínua expansão das redes de informação com abrangência global ampliou significativamente a capacidade conectiva dos relacionamentos econômicos, sociais e culturais. O fluxo intenso, contínuo e expansivo do intercâmbio de informações imediatas entre os mais diversos agentes transformou todo o planeta, aproximando nós que até então eram remotos ou inalcançáveis, mantendo e reforçando elos fracos e pouco frequentes e constituindo novas unidades e estruturas socioeconômicas. Em outras palavras, o mundo acompanhou o surgimento da sociedade em rede (CASTELLS, 1999).

Resultado da ascensão de um mundo interdependentemente conectado, o termo rede consolidou-se de maneira irreversível, sendo empregado sem restrições para explicar os mais variados fenômenos e estruturas. Castells (1999), que descrevera a emergência da sociedade em rede, expandiu a utilização do termo rede a fim de englobar diferentes conceitos. Partindo da definição de rede como um conjunto de nós interconectados, o autor caracteriza a estrutura social em rede como um sistema aberto, altamente dinâmico, suscetível a inovar sem afetar seu equilíbrio.

Se por um lado essa superexposição do conceito de rede inviabiliza sua clara e precisa definição, por outro ladoela promove a sua popularização. Nas últimas décadas, tem se percebido o crescente fenômeno do surgimento de centenas de iniciativas exitosas de cooperação em rede entre pequenas, médias e grandes organizações ao redor do mundo. As redes interorganizacionais, aqui denominadas redes de cooperação,[1] passaram a ser valorizadas,

---

[1] Redes de cooperação. Adotou-se essa denominação para as redes interorganizacionais por conciliar o conceito de rede, que representa os relacionamentos benéficos entre um conjunto de empreendimentos individuais, e o conceito de cooperação, que representa o fundamento central que norteia as ações dos agentes envolvidos.

tanto na teoria quanto na prática empresarial, por intensificar a interação, reduzindo tempo e espaço nas relações entre seus agentes, aspectos esses altamente estratégicos para a competitividade das organizações do século XXI (FAYARD, 2000). Segundo Human e Provan (1997), o conceito de redes de cooperação tem assumido duas variantes distintas – a de redes como relação e a de redes como organização. Neste livro, adotamos a concepção de redes de cooperação como uma nova organização (discutiremos esse ponto com maior profundidade no Capítulo 7).

Independentemente das duas variantes adotadas (rede como relação ou como organização), toda rede é caracterizada por três elementos distintos: os nós ou os atores individuais, as interconexões entre eles e a nova unidade que coletivamente conformam. Para melhor entender o conceito de redes dentro do propósito deste livro, aprofundaremos a seguir o conceito de redes de cooperação empresarial.

O conceito de rede de cooperação empresarial

Mesmo não constituindo uma ideia recente, visto que o conceito de rede é empregado na teoria organizacional desde o século XX (NOHRIA, 1992), a união de empresas com o objetivo de obter soluções coletivas tem recebido, desde os anos 1990, uma crescente atenção nos estudos e nas práticas organizacionais (OLIVER; EBERS, 1998). A recente redescoberta das redes é resultado da busca de soluções concretas; ou seja, é uma resposta empresarial a uma sociedade mais complexa e incerta (ETTIGHOFFER, 1992). Para Perrow (1992), ela também é decorrente das dificuldades dos atuais modelos organizacionais que apresentam poucas soluções para os desafios do mundo atual.

O propósito central das redes de cooperação empresarial é reunir atributos que (a) permitam uma adequação ao ambiente competitivo dentro de uma estrutura dinâmica, sustentada por ações uniformizadas mas descentralizadas, (b) possibilitem ganhos de escala com a ação coletiva, mas (c) não deixem as empresas envolvidas perderem a flexibilidade proporcionada por seu porte enxuto. De acordo com Miles e Snow (1986), as redes de cooperação começaram a despontar a partir dos anos 1980, para que as empresas pudessem lidar com o amplo conjunto de exigências competitivas imposto pelo paradigma da nova competição.

As redes de cooperação indicam um caminho alternativo para fazer frente às pressões competitivas; caminho no qual as conexões entre os agentes simbolizam a reflexão e o reconhecimento de sua interdependência, em oposição à autonomia do agente proposta pela teoria clássica da firma. Nelas, a interação entre os envolvidos representa mais do que uma simples adaptação passiva, pois os relacionamentos abrangem o enfrentamento das dificuldades comuns e a busca de soluções conjuntas por meio das capacitações individuais reunidas e daquelas originadas pela sinergia coletiva. A articulação entre as várias unidades, intercambiando elementos entre si, fortalece reciprocamente os envolvidos, habilitando-os a competir, individual e coletivamente, em melhores condições. Por tudo isso é importante que haja um entendimento mais detalhado do conceito e das características das redes de cooperação empresarial.

A concepção de rede de cooperação entre empresas como um conjunto de relações de troca entre agentes econômicos e mesmo a noção de rede como um conjunto de ligações que direta ou indiretamente conectam entre si cada um dos membros de um grupo possibilitam uma variada gama de significados, conforme a perspectiva de análise. De tal maneira que o termo redes de cooperação pode significar coisas diferentes para pessoas diferentes. Para a ciência econômica, por exemplo, rede é simplesmente uma teia de relações bilaterais interdependentes (DUNNING, 1998). No entanto, a presença dessas relações bilaterais não basta para estabelecer um claro e distintivo conceito de rede de cooperação, pois, tomando-se apenas a existência de conexões entre agentes, todas as organizações seriam ou fariam partes de redes (BAKER, 1994).

Uma das maneiras de reduzir a amplitude que costuma tomar o conceito de redes de cooperação é aprofundar o conhecimento de suas características. Primeiramente, deve-se ter claro que as redes de cooperação entre empresas constituem uma estrutura que gera condições para a interação e a realização de transações econômicas entre agentes (GULATI; GARGIULO, 1999). Além disso, importa assinalar que essa não é uma estrutura estática. As redes de cooperação possuem fronteiras dinâmicas, nas quais as empresas podem entrar, sair e reposicionar-se conforme os recursos demandados, conforme o sucesso ou o fracasso e, sobretudo, conforme o seu relacionamento com as demais empresas.

O dinamismo dessas fronteiras leva a outra característica fundamental das redes de cooperação: a manutenção, pelo maior prazo possível, das vantagens obtidas com a estrutura em rede. Como vimos no Capítulo 2, a repetição dos relacionamentos faz-se essencial para a geração de benefícios coletivos. Assim, apesar da entrada e saída de membros, os envolvidos procurarão manter a estrutura da rede e seus relacionamentos pelo maior tempo possível. Ao contrário das relações concorrenciais de mercado que almejam lucros imediatos, as redes são estruturas perenes que necessitam estabelecer, manter e fortalecer os relacionamentos para obter ganhos a médio e longo prazo. Logo, elas são arranjos propositais de longo prazo entre distintas mas relacionadas organizações, os quais permitem a essas empresas obter ou sustentar vantagens competitivas frente a seus competidores fora da rede (JARILLO, 1988).

Tal conceituação salienta uma das propriedades fundamentais das redes de cooperação empresarial: o caráter competitivo; ou seja, o relacionamento entre seus membros é fortemente condicionado pela concorrência das empresas que não estão envolvidas na rede. Logo, a noção de redes como atividades de negócios realizadas por distintos grupos de empresas no intuito de gerar vendas e lucros mediante, por exemplo, exportações em conjunto, P&D e soluções de problemas descreve melhor o conceito de rede de cooperação empregado no campo dos negócios. A partir daí, podemos entender que as redes de cooperação constituem grupos de empresas coesas e inter-relacionadas, orientadas a gerar e oferecer soluções competitivas de maneira coletiva e coordenada.

Tratando-se de estruturas voltadas à competição com outros agentes, as redes de cooperação necessitam ser coordenadas de alguma forma. Por esse motivo, outra de suas características relevantes é a maneira como se organizam para alcançar seus objetivos. Deve-se, entretanto, discernir entre redes organizadas e auto-organizadas: a estrutura organizada compreende ações conscientes e pró-ativas para estabelecer e manter uma rede com fins predeterminados, ao passo que a variante auto-organizada baseia-se em relacionamentos instáveis, que se configuram e reconfiguram na medida da necessidade (THOMPSON, 2003).

As redes de cooperação empresarial são aqui definidas como organizações compostas por um grupo de empresas formalmente relacionadas, com objetivos comuns, prazo de existência ilimitado e escopo múltiplo de atuação. Nelas, cada membro mantém sua individualidade legal, participa diretamente das decisões e divide simetricamente com os demais os benefícios e ganhos alcançados pelos esforços coletivos. Elas são compreendidas como um modelo organizacional dotado de estrutura formal própria, com um arcabouço de coordenação específico, relações de propriedade singulares e práticas de cooperação características. Suas especificidades exigem novas práticas organizacionais e de gestão, encontrando limites a replicação de modelos de gestão vigentes e utilizados nas configurações empresariais tradicionais.

Comparando-se as principais características das formas de coordenação das atividades econômicas (mercado – hierarquia – rede), como, por exemplo, as bases normativas, as formas de comunicação, a resolução de conflitos, a relação entre os envolvidos, percebem-se diferenças claras, como pode ser observado no Quadro 5.1.

As redes de cooperação têm, portanto, a capacidade de facilitar a realização de ações conjuntas e a transação de recursos para a consecução de objetivos complementares. Podem ser definidas, pois, como o conjunto de transações repetidas e sustentadas por configurações relacionais e estruturais dotadas de fronteiras dinâmicas e elementos interconectados (TODEVA, 2006). Constituem-se, por fim, em um fenômeno presente da teoria organizacional, razão pela qual têm sido reiteradamente estudadas sob as mais diversas óticas.

QUADRO 5.1 Formas de coordenação das atividades econômicas

Características	Mercado	Hierarquia	Rede
Resolução de conflitos	Lei e códigos	Supervisão	Reciprocidade
Flexibilidade	Alta	Baixa	Média
Comprometimento	Baixo	Alto	Médio
Comunicação	Formal	Burocrática	Formal e informal
Ênfase	Indivíduo	Indivíduo	Coletivo
Estratégia	Competição	Competição	Co-opetição
Relação entre envolvidos	Independência	Dependência	Interdependência
Determinação do poder	Market share	Cargo	Reputação

Fonte: Elaborado pelos autores a partir de Child, Faulkner e Tallman (2005) e Powell (1990).

O campo de estudo sobre redes de cooperação empresarial

Uma das justificativas para a crescente importância obtida pelo tema redes no campo de estudos organizacionais é o fato de poderem ser estudadas a partir de diferentes abordagens teóricas (GRANDORI; SODA, 1995). Logo, os estudos sobre redes de cooperação permitem estabelecer uma preciosa base de interesses comuns e um diálogo potencial entre os vários ramos da ciência social. Essa interdisciplinaridade de contribuições foi evidenciada por Oliver e Ebers (1998) e Brass et al. (2004) ao destacarem as principais correntes teóricas utilizadas nas pesquisas sobre redes de cooperação entre organizações, a saber: a economia industrial, a abordagem de dependência de recursos, a teoria de redes sociais, as teorias críticas, a teoria institucional, bem como a teoria dos custos de transação e a visão baseada em recursos (RBV), essas duas últimas já discutidas no Capítulo 3.

A teoria da economia industrial é utilizada nas pesquisas sobre redes para esclarecer de que modo os diferentes ganhos econômicos de produção – economias de escala, escopo e especialização – explicam a eficiência dessas estruturas. A título de exemplo, o ganho de especialização tem sido apontado como um fator relevante para explicar a maior eficiência de uma rede de empresas em relação a uma firma integrada (verticalizada) na produção de um certo bem (ECCLES, 1981). O ganho de escala, por sua vez, exerce um papel importante no acesso a recursos, na provisão conjunta de serviços ou no apoio a investimentos em P&D. Já o ganho de escopo pode ser a base para a formação de acordos visando à utilização colaborativa de equipamentos e *know-how* (TEECE, 1980). Da perspectiva da economia industrial, portanto, as redes podem apresentar uma eficiência superior ao modelo tradicional da grande empresa verticalizada.

A teoria da dependência de recursos é largamente utilizada nos estudos sobre redes de cooperação. Seu interesse consiste em entender o processo pelo qual as organizações reduzem suas dependências ambientais, utilizando várias estratégias para aumentar seu próprio poder no sistema. Essa teoria distingue entre tipos de dependência de recursos (sejam eles materiais ou imateriais), entendendo-os como possíveis determinantes para a formação de redes. Nesse sentido, cabe destacar o trabalho de Pfeffer e Salancik (1978), em que são revisadas algumas das principais formas de redes de cooperação e outros tipos de redes sociais. Sob a ótica da dependência de recursos, as empresas organizam-se em redes a fim de compartilhar ou acessar recursos escassos.

A teoria das redes sociais também tem sido amplamente utilizada. A partir dela é possível se entender como os laços sociais entre os atores de uma rede podem afetar o desempenho da empresa. Entre seus trabalhos mais importantes, Burt (1992) procurou especificar de que modo diferentes posições dentro de uma rede afetam as oportunidades dos atores. Por exemplo, o posicionamento de um ator na rede, representado pelo número de inter-relações que mantém com outros atores, poderá reforçar as relações de poder diante dos atores marginais da mesma rede. Em outras contribuições, autores como Granovetter destacam que uma das questões clássicas da teoria social é a forma como os comportamentos e as instituições são afetados pelas relações sociais. Esse autor analisa, sobretudo, de que forma a ação econômica está imersa nas estruturas das relações sociais dentro da sociedade industrial atual (GRANOVETTER, 1985).

As teorias críticas são empregadas com o propósito de entender, sob a ótica do poder e da dominação, de que forma as relações se estabelecem junto a uma estrutura em rede. Para elas, a estratégia em rede não é justificada por qualquer noção de eficiência ou efetividade, e sim pelo mecanismo de poder muitas vezes dedicado à reprodução de elites e classes dominantes (WHITT, 1980). A maior parte dos trabalhos com essa orientação tem sido conduzida no campo da sociologia, como ilustram Perucci e Potter (1989). Segundo o debate dessas teorias, as relações em rede comportam certa manipulação por parte de alguns atores. Essa manipulação ocorre sobretudo nos casos em que se observa uma visível assimetria de poder entre os atores integrantes da rede.

A teoria institucional compreende a dependência como conceito central na configuração das redes; não se trata, porém, de uma dependência de recursos materiais, mas de legitimação. Por esse enfoque, as organizações buscam obter legitimidade no momento de participar de uma rede. Os estudos baseados na teoria institucional tratam dos mecanismos institucionais pelos quais as relações interorganizacionais são iniciadas, negociadas, desenhadas, coordenadas, monitoradas, adaptadas e terminadas. Convém mencionar a concepção de DiMaggio e Powell (1983) sobre os diversos tipos de inter-relações formais e informais como meio de evitar o isolamento e buscar legitimidade junto ao ambiente institucional. Pela ótica da teoria institucional, se a empresa ingressa em uma rede composta por outras empresas renomadas, poderá obter, como resultado indireto, o reconhecimento do mercado como uma entidade idônea que opera com os mesmos padrões de qualidade dos demais parceiros.

Essas abordagens teóricas, como podemos conferir na síntese do Quadro 5.2, forneceram múltiplas contribuições aos estudos sobre redes de cooperação, facilitando seu entendimento. É importante salientar, porém, que outras teorias – a ecologia populacional, a teoria evolucionária, a teoria contingencial, entre outras – também contribuem para a análise e o conhecimento desse fenômeno.

Pelo fato de adotar diferentes paradigmas de leitura da realidade estudada, cada uma dessas abordagens teóricas produziu explicações complementares e por vezes concorrentes no campo de estudos sobre redes de cooperação. Isso explica em parte as diferentes definições e concepções do termo rede de cooperação que encontramos na economia, na sociologia, na administração e na ciência política. Importa destacar, no entanto, que essa diversidade de abordagens teóricas no estudo das redes deve ser percebida mais como complementar que excludente, além de amplamente salutar para a consolidação do campo de estudo.

No contexto brasileiro, há um interesse crescente no debate entre governos, empresários e acadêmicos quanto ao papel das redes de cooperação

QUADRO 5.2 Principais abordagens nos estudos sobre redes de cooperação

Abordagens teóricas	Contribuições para o entendimento das redes
Economia industrial	Identificou diferentes classes de ganhos econômicos (economias de escala, escopo e especialização) como variáveis explicativas da eficiência das redes.
Abordagem estratégica	Destacou a configuração em redes de cooperação como fator altamente estratégico para a obtenção e manutenção de vantagens competitivas.
Dependência de recursos	Salientou, como um dos fortes condicionantes para a formação das redes de cooperação, o acesso e compartilhamento de recursos tangíveis e intangíveis.
Teoria das redes sociais	Evidenciou até que ponto as relações sociais dos atores em uma determinada rede influenciam a organização de seus membros e as inter-relações dentro dessa rede.
Teorias críticas	Questionaram o argumento de eficiência na formação das redes e destacaram que estas são constituídas por representar poderosos instrumentos de formação de elites e classes dominantes, bem como o exercício do poder e da dominação.
Abordagem institucional	Constatou que as organizações procuram obter legitimidade no momento de integrar uma determinada rede.
Teoria dos Custos de Transação	Sugeriu que, entre as formas clássicas de coordenação das atividades econômicas (mercado e hierarquia), há uma série de arranjos híbridos que buscam reduzir os custos de transação por meio de relacionamentos colaborativos.

no desenvolvimento econômico e social. Observa-se que as principais revistas e eventos científicos ligados à área de administração têm abordado esse tema com bastante regularidade, sobretudo para o fortalecimento da competitividade e dos processos de inovação junto às empresas, conforme é apresentado no Box 5.1.

O crescente espaço ocupado por esse tema na pauta dos estudos organizacionais realizados no Brasil pode resultar de dois fatores: em primeiro lugar, da sintonia da comunidade acadêmica brasileira com as teorizações contemporâneas sobre os estudos organizacionais; em segundo lugar, da expressiva dimensão econômica e social que a formação de redes vem apresentando no Brasil; a título de exemplo, o mapeamento do Sebrae realizado em 2011 aponta a existência de 778 redes de cooperação em funcionamento no país (SERVIÇO BRASILEIRO DE APOIO ÀS MICRO E PEQUENAS EMPRESAS 2012).

BOX 5.1
CAMPO DE ESTUDOS SOBRE REDES DE COOPERAÇÃO NO BRASIL

Há cerca dez anos, um grupo de pesquisadores dedicou-se a compreender a emergência do fenômeno da cooperação entre firmas por meio de alianças e redes. Combinando lentes teóricas diversas e estudando diferentes iniciativas, organizaram uma das primeiras publicações brasileiras a tratar especificamente do tema (VERSCHOORE, 2004). Naquele momento, a cooperação entre firmas despontava como uma alternativa estratégica frente às transformações socioeconômicas que estavam em marcha desde o final do século XX. Alianças e redes se formavam para lidar com as pressões oriundas da expansão internacional da concorrência, da aceleração dos avanços tecnológicos, do aumento da conectividade, e, sobretudo, para lidar com clientes mais bem informados e qualificados para tomar decisões de compra. Como decorrência, as preocupações acadêmicas estavam centradas em entender os antecedentes que motivavam a cooperação, os mecanismos que possibilitavam estabelecer os relacionamentos entre firmas e os consequentes resultados da ação conjunta (BORGATTI; FOSTER, 2003).

No Brasil, os estudos acerca do tema começavam a florescer. Os resultados se refletiam na expansão da publicação de artigos em periódicos científicos por volta do ano de 2004. Em sua maioria, procuravam enriquecer o conhecimento sobre o tema da cooperação em alianças e redes a partir da própria trajetória acadêmica nacional na área das ciências sociais e, em especial, na administração. A primeira década do século XXI reúne, portanto, um conjunto de estudos que estabelecem contribuições teóricas e verificações empíricas essencialmente brasileiras ao tema. Embora nenhuma lista seja exaustiva e consiga incluir todo o conhecimento gerado naquele período, é importante resgatar algumas dessas contribuições e verificações que ajudaram a estabelecer este campo de estudos no Brasil.

No que tange às contribuições teóricas ao tema, a academia brasileira incorporou discussões variadas e complementares que bem representam a multiplicidade de olhares que a caracteriza. Laniado e Baiardi (2003), por exemplo, estudaram a cooperação entre firmas na Bahia e identificaram diferentes fatores e atores que influenciavam a formação de redes, os objetivos almejados e os resultados alcançados. Balestrin e Vargas (2004), em uma ênfase orientada pela estratégia cooperativa, aperfeiçoaram um mapa conceitual para compreender a diversidade de tipos de alianças e redes de alianças entre a formalidade e a informalidade e entre a decisão centralizada e descentralizada. Sacomano Neto e Truzzi (2004) realçaram os aspectos relacionais e estruturais das redes e de sua governança. Lopes e Baldi (2005), por sua vez, enriqueceram o debate trazendo à tona os fatores socioculturais e a imersão social dos relacionamentos para explicar a formação dos arranjos de cooperação entre firmas. Segatto-Mendes e Rocha (2005) incorporaram a riqueza da teoria da agência para estudar os processos de cooperação. No mesmo ano, Pereira e Pedrozo (2005) direcionaram o foco de análise para a firma no intuito de entender como os relacionamentos em rede surgem, aprendem e se desenvolvem. Consolidando o tema no meio científico nacional, a Revista de Administração de Empresas (RAE-FGV) publicou uma edição especial em 2006 (v. 46, n. 3), dedicada as redes sociais e interorganizacionais.

As verificações empíricas também demonstraram a rica diversidade das formas de cooperação entre firmas no Brasil. Os estudos empíricos realizados naquele período evidenciaram o surgimento de inciativas de redes entre fornecedores da cadeia de suprimento da indústria do petróleo (BALESTRO, 2004), redes associativas entre firmas de pequeno porte do ramo varejista (BÖHE; SILVA, 2004; PEREIRA, 2004) e de fabricantes de móveis (MACADAR, 2004). Com o mesmo foco nas firmas de pequeno porte, foram estudados os consórcios de exportação no ramo de confecções (KUSHIMA; BULGACOV, 2006), e foram verificadas empiricamente as relações interorganizacionais entre 40 produtores agroindustriais do município de Videira, em Santa Catarina (MACHADO-DA-SILVA; COSER, 2006). Não obstante, durante o período em pauta foram também analisadas as alianças estratégicas da Cia. Vale do Rio Doce (TAUHATA; MACEDO-SOARES, 2004), as constelações nos serviços de transporte aéreo (LAZZARINI; JOAQUIM, 2004) e as iniciativas de cooperação tecnológica com universidades no setor energético (SEGATTO-MENDES; MENDES, 2006), entre outros exemplos.

Os eventos científicos e profissionais também abriram espaço para os estudos sobre redes. Em 2006, três eventos científicos tiveram como tema as redes interorganizacionais. O primeiro deles foi o XXIV Simpósio de Gestão da Inovação Tecnológica, realizado pela ANPAD (Associação Nacional dos Programas de Pós-Graduação em Administração) e apresentando como tema central a "Inovação em Redes & Redes de Inovação"; o segundo, o XVI Seminário Nacional de Parques Tecnológicos e Incubadoras de Empresas, promovido pela Anprotec (Associação Nacional de Entidades Promotoras de Empreendimentos Inovadores), destacou como tema as "Redes Institucionais Promovendo o Empreendedorismo Inovador"; e o terceiro, o II Cooperação Brasil, realizado em Porto Alegre, registrou a presença de mais de mil participantes, contando com a apresentação de palestras, artigos e casos nacionais e internacionais sobre redes de cooperação. Em 2008, o EnEO (Encontro de Estudos Organizacionais), promovido pela ANPAD, passou a ter em seu rol de temas de interesse as "Redes e Relacionamentos Intra e Interorganizacionais"

Uma década talvez não seja tempo suficiente para uma análise retrospectiva plena, mas este espaço de tempo pode ser capaz de proporcionar avanços significativos no conhecimento sobre um tema. No caso do campo de estudo sobre cooperação entre firmas, os últimos dez anos foram sim profícuos para seu amadurecimento teórico e empírico. A análise bibliométrica estudos sobre cooperação feita por Balestrin, Verschoore e Reyes Junior (2010), por exemplo, apontou interesses direcionados aos resultados de aprendizagem e de inovação e uma base conceitual predominantemente sustentada pela estratégia, dependência de recursos, redes sociais e pela teoria institucional. Tais resultados sinalizam a preocupação da comunidade acadêmica brasileira no desenvolvimento de estudos e pesquisas sob a temática das redes, fortalecendo e difundindo novos conceitos para o aprofundamento das teorias de gestão e, sobretudo, para uma melhor formação dos administradores e o aprimoramento das práticas de gestão organizacional.

Fonte: Adaptado de Balestrin, Verschoore e Reyes Junior (2010) e Verschoore et. al, (2014).

As redes de cooperação existentes se estruturam a partir de uma ampla diversidade de tipologias. Assim, para melhor compreender os diferentes modelos e configurações sob os quais a cooperação pode ser estabelecida, a próxima seção será dedicada à apresentação das tipologias de redes de cooperação entre empresas.

Tipologias de redes de cooperação

A diversidade das tipologias de redes de cooperação tem provocado certa ambiguidade no próprio entendimento do termo. Essa questão foi objeto da análise de Castells (1999), que tomou como base o argumento de que as redes de cooperação aparecem sob diferentes formas, em contextos distintos e a partir de múltiplas expressões culturais. Exemplo disso são as redes familiares presentes nas sociedades chinesas; as redes de empresários formadas em contextos de intensa inovação, como no Vale do Silício; as redes hierárquicas japonesas conhecidas como keiretsu; as redes organizacionais de unidades empresariais descentralizadas como as lojas Zara e as redes comerciais que emergiram nas relações pela internet.

Buscando uma melhor compreensão dentro dessa diversidade de tipologias, apresentamos um mapa conceitual (Figura 5.1) elaborado a partir do trabalho de Marcon e Moinet (2000) e indicando, em quatro quadrantes, as principais dimensões sobre as quais as redes são estruturadas.

De acordo com as orientações desse mapa conceitual, o eixo vertical relaciona-se com a natureza dos elos gerenciais estabelecidos entre os atores da rede. Esses elos podem representar uma relação de poder descentralizada (no caso de uma rede horizontal do tipo associativa), ou um grau de controle hierárquico com forte centralização de poder (no caso de uma rede vertical do tipo matriz e filial). Já no eixo horizontal está representado o grau de formalização das relações entre os atores. Esse grau pode mover-se de uma convivência informal entre os atores (no caso de relações de amizade, afinidade e parentesco, como podemos observar nos clubes e nas redes de amigos) até relações formalmente estabelecidas por contratos entre as partes (no caso de contratos jurídicos, como verificamos na formação de *joint ventures*).

Convém destacar que em cada um dos diversos pontos dos quadrantes poderá ser encontrado um tipo particular de configuração de rede, mostrando, desse modo, a ampla diversidade das tipologias de redes de cooperação. Logo, de acordo com as orientações da Figura 5.1 e com as evidências de outros estudos, as redes podem ser classificadas como segue:

- **Redes centralizadas: a dimensão da hierarquia.** Certas redes apresentam uma estrutura hierárquica que toma decisões centralizadas. Dessa

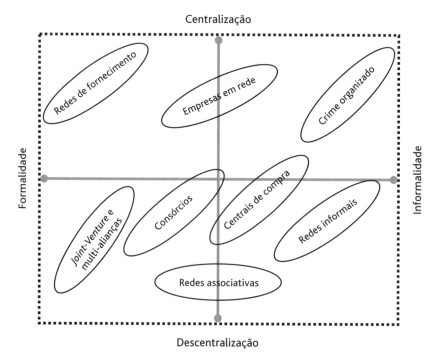

FIGURA 5.1 Mapa conceitual das redes de cooperação.
Fonte: Balestrin (2005).

configuração fazem uso, por exemplo, os grandes conglomerados que adotam a estratégia de redes verticais para tornar-se mais flexíveis e competitivos. Nessa dimensão hierárquica, encaixa-se a noção de "empresa em rede", isto é, empresas cuja organização constitui-se de unidades interdependentes espacialmente dispersas. Em geral, as relações mantidas nesse modelo são semelhantes às estabelecidas entre matriz e filial, em que as filiais são empresas semi-independentes dotadas de autonomia administrativa, mas obrigadas a seguir as decisões estratégicas definidas para a totalidade da rede.

- **Redes descentralizadas: a dimensão da horizontalidade.** As redes em que a decisão é tomada descentralizadamente. As redes horizontais são constituídas por empresas que guardam sua independência, mas que optam por coordenar certas atividades específicas de maneira conjunta, com os seguintes objetivos: criação de novos mercados, suporte de custos e riscos em pesquisas e desenvolvimento de novos produtos, acesso à informação e à tecnologia, definição de marcas de qualidade, defesa de interesses, ações de marketing, entre outros. Essas redes se formam sob o signo da cooperação horizontal de seus membros, que costumam escolher uma formalização flexível para melhor se adaptar a natureza de suas relações. Nesse tipo de cooperação interorganizacional existe uma elevada heterogeneidade de formas, geralmente caracterizadas pela figura do associativismo, a exemplo das centrais de compra, das associações profissionais, das alianças tecnológicas para P&D e das redes horizontais associativas. Essas são relações complexas, conforme as quais, em muitos casos, agentes concorrentes escolhem cooperar dentro de certo domínio. Assim, as redes favorecem a concentração de esforços sem impedir a liberdade de ação estratégica dos membros.

- **Redes formais: a dimensão contratual.** Algumas redes são formalizadas mediante termos contratuais que prescreverão regras de conduta entre os atores. Nas redes formais, a gestão é estabelecida por regras claras, mediante cláusulas explícitas segundo as quais cada um dos atores terá seus direitos e deveres garantidos pela execução contratual. Nessas redes, a confiança exerce um papel bem menos relevante que nas redes informais. Entre as tipologias de redes formais destacam-se os consórcios de exportação, os consórcios de P&D, as alianças estratégicas e as joint ventures de múltiplos parceiros.

- **Redes informais: a dimensão da convivência.** As redes infomais dispensam os contratos para reunir os agentes econômicos (empresas, organizações profissionais, instituições, universidades, associações, etc.) com preocupações comuns. Ademais, possibilitam o intercâmbio de experiências e informações com base na livre participação, bem como a criação de uma cultura associativa e apoio ao estabelecimento de relações periódicas e mais estruturadas. Nessa dimensão, as redes são formadas sem qualquer espécie de contrato formal que prescreva regras, agindo em conformidade com os interesses mútuos, baseados sobretudo na confiança entre os atores. Exemplos desse modelo são as redes de pesquisadores engajados em estudos conjuntos ou as redes estabelecidas, por exemplo, pelo crime organizado.

Em face dessa diversidade de possibilidades, é possível concluir que dificilmente existirão duas redes estruturadas de maneira idêntica. Logo, o esforço para tentar abranger todas as configurações de redes de cooperação em algumas dezenas de tipologias predefinidas não deixa de ser uma simplificação forçada da ampla diversidade de formas que os arranjos colaborativos poderão assumir. Ainda assim, na Figura 5.1 procuramos classificar, em caráter ilustrativo, alguns exemplos de redes de cooperação. O ponto comum aos exemplos apresentados está na busca de determinados fins que dificilmente seriam alcançados atuando-se de forma isolada e individual. Assim, os consórcios, as multialianças, as redes de fornecimento, as redes de pesquisadores, as redes associativas e as redes do crime organizado constituem exemplos da diversidade que as redes poderão assumir.

Um exemplo ilustrativo da atuação das redes de cooperação pode ser observado no Box 5.2, que descreve a participação das centrais de compras Intersport, Base e Twinner no competitivo mundo do varejo de moda esportiva.

BOX 5.2
REDES LEVAM GRANDES MARCAS DO ESPORTE ÀS LOJAS DE BAIRRO

Nas pequenas lojas da rua La Venta, em Collado Villalba (Madri), não é fácil encontrar uma bolsa Louis Vuitton ou um par de jeans da marca Diesel. No entanto, os jovens consumidores da região podem comprar os mais recentes lançamentos de tênis Nike para basquete ou a nova camisa do Real Madrid produzida pela Adidas sem terem que se deslocar ao centro da cidade ou irem um grande shopping center. Isso somente é pssível graças as centrais de compras de moda esportiva Intersport, Twinner e Base.

Estas três redes se destacam entre as diferentes iniciativas que operam na Espanha sob o modelo de central de compras. A cooperação nas centrais é a maneira que o comércio tradicional de moda esportiva encontrou para manter a sua fatia de mercado frente aos grandes grupos internacionais como o Decathlon e negociar diretamente com fornecedores gigantes como a Nike ou a Adidas. Embora a opção de apostar na união para ganhar força seja uma prática comum em outros segmentos, como alimentos, óticas ou farmácia, no mundo da moda as centrais de compras tem prosperado apenas no segmento de esporte.

As primeiros centrais de compras surgiram na década de 60, embora o catalisador para o crescimento tenha sido a chegada dos primeiros hipermercados na Espanha nos anos 80. A partir daquele momento a criação de centrais disparou. Nasceram redes como a Intersport, que reúne 270 lojas e fatura mais de 90 milhões de euros, e a rede Base, que soma 310 pontos de vendas e cujo volume de negócios supera a cifra de 50 milhões de euros.

Em ambos os casos, um grupo de pequenos comerciantes decidiram juntar-se para ter melhores condições de negociação com os grandes fornecedores. Estes grupos de comerciantes, que no caso da Intersport foi inicialmente formada por lojistas bascos e catalães, evoluíram para constituir centrais de compras profissionalizadas exatamente para negociar com gigantes internacionais como a Nike, Adidas ou Puma. "No momento em que as grandes empresas decidem trabalhar com uma distribuição organizada, as lojas pequenas são forçadas a se unir a fim de ter uma estrutura com peso suficiente para negociar", diz Carlos Tejero, CEO da rede Twinner, que reúne mais de 300 lojas parceiras e um volume de negócios de 69 milhões de euros.

Uma vez que a central de compras consegue reunir uma grande quantidade de parceiros, além de dar-lhes poder de compra, também pode começar a oferecer uma gama mais ampla de serviços adicionais, de natureza financeira, jurídica, marketing e propaganda; É a partir destes serviços que algumas redes se diferenciam das demais. Neste sentido, Ignasi Puig da Intersport argumenta que "uma central de compras inicialmente nasce com o propósito de comprar em conjunto, mas a evolução natural é incorporar gradualmente todos os serviços associados a uma rede de grande porte, incluindo marketing, branding e apoio logístico." Desta forma, acrescenta Puig "O objetivo não é apenas centralizar a compra do produto por um preço melhor, mas também dar o melhor serviço para as lojas que vendem esses produtos".

Apesar de nem todas as centrais de compras atuarem da mesma forma, é usual elas realizarem duas convenções anuais de aproximação entre os associados e de apresentação das coleções das grandes marcas. Estes eventos, muito similares a pequenas feiras, são organizados na sede das redes, em um hotel ou mesmo em feiras do setor. Nos eventos, Sob o acordo, os associados tem acesso aos lançamentos e podem fazer seus pedidos para a temporada.

Neste modelo cooperativo são obtidos benefícios como as condições mais favoráveis de compra. Todavia, há também algumas desvantagens, como a perda da identidade do pequeno comerciante, que deve se adaptar às normas de conduta estabelecidas pelo grupo e adotar a identidade comum que a rede comunica de maneira uniforme em todos os pontos de venda.

"Você tem que acreditar no associativismo e na cooperação e renunciar a uma parcela do individualismo que cada membro da central possui para poder cooperar com o coletivo; a parte mais difícil é administrar as expectativas e saber lidar com o aumento significativo da interdependência", argumenta Ángel Pardo, diretor geral da rede Base.

Tanto Anjo Pardo como Ignasi Puig e Carlos Tejero compartilham uma visão comum: a concentração no varejo de moda esportiva irá aumentar e quem não fizer

> parte de uma estrutura centralizada de compras cairá fora do jogo. "Os varejistas que fecharam as portas eram aqueles que não estavam associados e, ao final, não ficará nenhum lojista independente pois não conseguirão competir com os grupos internacionais como o Decathlon. Tejero, por sua vez, sustenta que o mercado da moda esportiva tende ficar ainda mais concentrado e que pequenas empresas dificilmente terão acesso às grandes marcas e, se tiverem, será em condições muito limitadas. "Quem estiver fora destas estruturas em rede, vai sofrer", afirma o CEO da rede Twinner. Pardo da rede Base vai mais além, para ele "É um modelo de presente e de futuro para muitos setores, sem qualquer sombra de dúvida. Nos segmentos mais maduros evolução da central passará por se tornar um player cada vez maior e agir como um grande operador vertical. Isso será fundamental para competir no mercado global".
>
> **Fonte:** Adaptado de García e Riera (2014).

São características recorrentes em exemplos como os da Interport, Base e Twiner e em outras tipologias de redes de cooperação a existência de objetivos comuns, a constante interação entre os agentes e a presença de uma estrutura de gestão da cooperação para possibilitar a realização de ações coletivas. Nota-se, sobretudo no contexto brasileiro, que frequentemente são tratados como redes de cooperação diversos outros arranjos, tais como os distritos industriais,[2] os *clusters*,[3] as cadeias de valor[4], os pólos tecnológicos[5], entre outros.

Deve-se destacar, no entanto, que esses arranjos costumam agrupar empresas por sua proximidade geográfica, raramente havendo uma efetiva dinâmica de cooperação entre elas. Logo, por mais que representem um contexto altamente favorável à geração de ações de cooperação e ao surgimento de redes, eles não podem ser definidos pelo conceito de redes de cooperação, pois na maioria das vezes se revelam deficientes, ou mesmo

---

[2] Distrito industrial. Aglomeração de empresas com elevado grau de especialização e interdependência, seja de caráter horizontal (entre empresas de um mesmo segmento), seja de caráter vertical (entre empresas que desenvolvem atividades complementares em diferentes estágios da cadeia produtiva).

[3] *Cluster*. Aglomeração territorial de empresas com características similares. Certas concepções enfatizam mais o aspecto da concorrência que o da cooperação como fator de dinamismo. Contempla outros atores além das empresas, tais como organizações de ensino, pesquisa e desenvolvimento, apoio técnico, financiamento e promoção.

[4] Cadeia de valor. Conjunto de etapas consecutivas pelas quais vão sendo transformados os diversos insumos, em ciclos de produção, distribuição e comercialização de bens e serviços. Não se restringe a uma mesma região ou localidade.

[5] Pólo tecnológico. Iniciativa conjunta e planejada entre poder público, setor privado e instituições de ensino e pesquisa com o objetivo de articular ações para facilitar a criação, desenvolvimento ou atração de novos empreendimentos de base tecnológica.

carentes, de alguns dos três princípios basilares da cooperação: objetivos comuns, interação e gestão da cooperação.

Ressalta-se aqui a relevância dos *clusters*, dos pólos e de outras formas de arranjos locais para o desenvolvimento e a competitividade de empresas e regiões. Contudo, não basta reunir empresas em um mesmo espaço geográfico e aguardar que comecem a cooperar em prol de um ambiente de sinergia e inovação. Antes é necessário estruturar efetivos arranjos colaborativos dentro desses contextos, mediante a identificação de objetivos comuns, o fortalecimento da comunicação entre as organizações e, acima de tudo, a estruturação de mecanismos claros de gestão da cooperação. Esse conjunto de princípios constitui a essência das redes de cooperação e será aprofundado na Parte III deste livro.

6
Principais configurações de redes de cooperação empresarial

Como vimos, a amplitude da sua adoção no campo empresarial faz com que as redes de cooperação assumam diversas configurações, segundo os objetivos de seus membros e dimensões estruturais de formalização e decisão. Por isso, algumas formas de organização empresarial notadamente hierárquicas, como as empresas multidivisionais ou de relações majoritariamente de mercado (franquias e licenciamentos), são erroneamente caracterizadas como redes de cooperação.

Contudo, independentemente da discussão sobre o que seja ou não rede, o razoável espectro de configurações existentes possibilita uma maior compreensão das formas sob as quais as redes de cooperação se apresentam. Como não é possível abordar todas essas configurações, detalharemos neste capítulo as três formas mais comuns de redes de cooperação entre empresas: as redes de fornecimento, os consórcios de empresas e as redes associativas. A cooperação na forma de díades (dois atores) e tríades (três atores) já foi apresentada no Capítulo 4; assim, os arranjos apresentados a seguir caracterizam-se pela cooperação entre um conjunto maior de atores.

Redes de fornecimento

Uma das críticas clássicas feitas à terceirização (ou *outsourcing*) é que, nesse modelo organizacional, os fornecedores não passam de meros subcontratados, aumentando a dependência das pequenas empresas em relação às grandes (BEST, 1990). Além disso, como na maioria dos casos as estruturas de gestão implementadas ficam distantes do grupo de empresas participantes, tem-se, como resultado, a concentração excessiva das principais decisões nas mãos de uma única empresa, sobretudo se ela domina o processo tecnológico de produção e condiciona as decisões dos demais participantes aos seus interesses. Essa elevada assimetria de poder acaba por transformar uma estratégia calcada em relacionamentos profícuos numa estratégia de pressão centrada nos interesses dos mais poderosos (JARILLO, 1993).

Como verificou Perrow (1992), grande parte dos avanços do setor automobilístico das últimas décadas, principalmente no contexto ocidental, foi obtida graças à pressão aos fornecedores, responsáveis pela fabricação de quase metade dos automóveis. Nessa situação, é mínima a possibilidade de haver um equilíbrio de forças, pois as empresas subcontratadas costumam ser pequenas e agir separadamente, ao passo que a grande empresa automobilística é poderosa e muito bem organizada. Assim, uma das poucas opções dos fornecedores é adequar-se às exigências da empresa central.

Uma das formas de atenuar os problemas encontrados na subcontratação clássica de mercado é a formação de redes de fornecimento, em que um grupo de empresas subcontratadas é coordenado para a execução das atividades complementares de uma empresa líder. O modelo de redes de fornecimento sustenta-se no relacionamento colaborativo entre a empresa central e suas parceiras. Estabelecem-se entre elas uma relação de autonomia e interdependência, com os agentes negociando seus possíveis benefícios na tentativa de ampliar os ganhos conjuntos que a rede pode proporcionar (TODEVA, 2006).

É interessante destacar quatro dos benefícios mais comumente obtidos ao se adotar um modelo de redes de fornecimento entre a empresa líder e as empresas parceiras. Em primeiro lugar, concentrando investimentos e esforços no que a companhia faz de melhor, aumenta-se o retorno sobre os recursos internos. Em segundo lugar, uma competência bem desenvolvida ergue barreiras contra concorrentes. Em terceiro lugar, permite a empresa líder a se beneficiar dos investimentos feitos pelos seus parceiros fornecedores, incorporando inovações e capacidades profissionais que seriam financeiramente inviáveis de duplicar internamente. Por fim, nos mercados de rápida evolução, as redes de fornecimento diminuem riscos, encurtam o ciclo produtivo, reduzem os investimentos e ampliam a flexibilidade e adaptabilidade da empresa às exigências dos clientes. A Figura 6.1 contém uma representação gráfica das relações na configuração de uma rede de fornecimento.

As iniciativas mais estudadas encontram-se nos setores automobilístico, como demonstra o caso da Toyota e de sua rede de fornecedores descrito em detalhes no Box 6.1. As repetidas transações e a necessidade constante de adaptações de parte a parte exigem, necessariamente, uma cooperação coordenada e em rede. Essa coordenação se dá a partir da empresa central, que determina os fornecedores de primeira linha, estabelece e negocia com eles os processos produtivos e coordena o compartilhamento de atividades

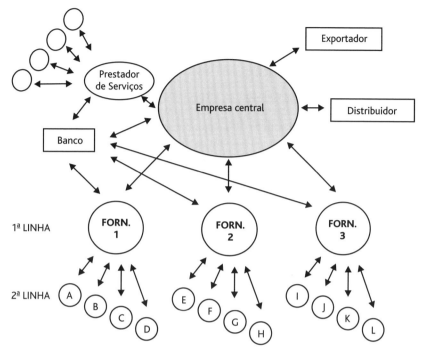

FIGURA 6.1 Estrutura das redes de fornecimento.

entre os fornecedores de primeira linha. Em redes de fornecimento maduras, até mesmo o fluxo de recursos entre os fornecedores dos fornecedores é coordenado e apoiado pela empresa central da rede (TODEVA, 2006).

BOX 6.1

A REDE DE FORNECIMENTO DA TOYOTA

Em 2007, a Toyota tornou-se a líder mundial em produção de automóveis. Essa era uma previsão fácil de fazer, pois desde a década de 1980 as principais transformações na indústria automobilística são obra da Toyota e de suas empresas parceiras. No ano 2003, por exemplo, a montadora já registrava lucros superiores à soma de suas três maiores concorrentes (GM, Ford e Chrysler). Num mundo de concorrência acirrada, como a empresa conseguiu esse feito? Sempre que procuram responder a essa pergunta, muitos especialistas e pesquisadores em gestão de empresas negligenciam – ou não compreendem – a importância das redes desenvolvidas pela Toyota e a necessidade de socializar o conhecimento. Não há dúvida de que a gestão do conhecimento tornou-se um tema fundamental. Mas como exatamente as empresas aprendem e por que algumas o fazem mais depressa que as outras? O conhecimento precisa ultrapassar as fronteiras da organização?

> Muitas companhias continuam a guardar certa distância dos fornecedores e a zelar pelo conhecimento interno que acumularam. De maneira um tanto oposta, a Toyota faz questão de acolher seus fornecedores e estimula a socialização do conhecimento com eles e entre eles, criando redes de aprendizagem coletiva.
>
> Essa forma de agir ajudou os fornecedores a racionalizar suas operações. Em consequência, seus resultados têm sido fantásticos se comparados aos das concorrentes da Toyota: aumento de 14% na produção por colaborador, redução de 25% nos estoques e queda de 50% no número de peças defeituosas. Tais avanços não apenas permitiram à Toyota conquistar uma sólida vantagem competitiva no mercado, mas também cobrar preços mais altos em troca da maior qualidade de seus veículos.
>
> A Toyota não está sozinha. Cada vez mais empresas admitem que sua vantagem competitiva resulta do modo como trabalham com seus parceiros. Empresas como a Boeing, a Harley-Davidson e a Xilinx (fabricante de semicondutores sediada em San Jose, Califórnia), já perceberam a importância de socializar o conhecimento com os parceiros e procuram fortalecer esse processo. Como afirma o vice-presidente da Xilinx, Evert Wolsheimer: "Acredito que, com o tempo, nossas parcerias evoluirão de forma semelhante à da Toyota".
>
> Os benefícios em cascata proporcionados pela socialização do conhecimento podem ser substanciais. Ao transferir seu *know-how* para os fornecedores, a Toyota os ajuda a melhorar significativamente seu desempenho e, por tabela, o dela próprio.
>
> A experiência da Toyota sugere que as vantagens competitivas podem ser criadas e sustentadas com os processos superiores de socialização do conhecimento em uma rede de fornecedores. "Acreditamos que esses princípios tenham uma aplicação mais ampla. Eles podem ser empregados, por exemplo, em outros tipos de redes e alianças, inclusive nas que se formam entre parceiros de uma *joint venture*", dizem seus diretores.
>
> Na verdade, estabelecer processos interorganizacionais eficazes de socialização do conhecimento com fornecedores e parceiros pode ser crucial para qualquer empresa que pretenda se manter à frente dos concorrentes. Como observa um alto executivo da Toyota: "Não estamos preocupados se nosso conhecimento vazará para as concorrentes. Parte dele certamente vazará. Mas, quando isso acontecer, já estaremos em outra situação. Somos um alvo móvel".
>
> **Fonte:** Adaptado de Dyer e Hatch (2004) e Segalla (2007).

As redes de fornecimento constituem, pois, uma adequação da grande empresa tradicional às exigências do paradigma da nova competição. Representam uma tentativa de obter os benefícios dos ganhos relacionais, apoiados em relacionamentos perenes, em combinação com os mecanismos de coordenação dos processos de seus fornecedores. Ao formar uma estrutura produtiva integrada, coordenada e, ao mesmo tempo, flexível e adaptada às mudanças ambientais, ela se constitui numa rede de cooperação.

Outra característica essencial das redes de fornecimento é sua organização estratégica, que, mesmo concentrada nas mãos de alguns poucos decisores, conduz o grupo de empresas rumo ao desenvolvimento das competências necessárias ao enfrentamento competitivo. Por outro lado, essas redes também apresentam alguns desafios que precisam ser superados. Primeiro, os elementos de confiança e transparência entre os membros são mais frágeis e devem ser constantemente fortalecidos. Segundo, existe a tendência de se desenvolverem relações assimétricas entre a empresa líder e seus fornecedores. Por fim, a motivação e as ações das empresas fornecedoras acabam muitas vezes sendo inibidas pela exigência de maior controle por parte da empresa central.

Consórcios de empresas

Uma segunda configuração de redes de cooperação largamente adotada é o consórcio de empresas. Em sentido amplo, consórcio é o grupo constituído para assumir um empreendimento acima dos recursos de qualquer um de seus membros. Existem diversos tipos de consórcios, pois sua formação depende do objetivo que as empresas associadas pretendem alcançar. Em geral, os consórcios possuem objetivos pré-delimitados, especialmente direcionados a superar obstáculos ou oportunizar novos negócios a seus membros. Não é incomum que consórcios concorram por uma licitação pública, fato que realça a ideia da competição entre grupos, como é apresentado na Figura 6.2. Para tanto, o registro contratual de cada consórcio estabelece os objetivos que serão perseguidos e o modo como o processo será conduzido. Assim, suas normas de relacionamento são definidas a priori e formalizadas em um instrumento específico. Entre elas, destaca-se que o quadro diretivo do consórcio deve ser constituído por seus membros e responder aos participantes em assembleias gerais periódicas.

Além dos objetivos comuns e da coordenação democrática, os consórcios apresentam outros atributos determinantes para o êxito de uma rede de cooperação, como a presença de equipes que, mediante a divisão interna dos trabalhos, facilitam o controle e o monitoramento do desempenho, fortalecendo os laços de relacionamento social (GRANDORI; SODA, 1995).

As empresas italianas são bem sucedidas na formação dessa estrutura colaborativa. Elas criaram diversos tipos de consórcios, como os consórcios de exportação e os consórcios de garantia de crédito e os consórcios de garantia de procedência (BEST, 1990). Recentemente, iniciativas ousadas para minizar o impacto humano no clima global têm sido viabilizadas por meio

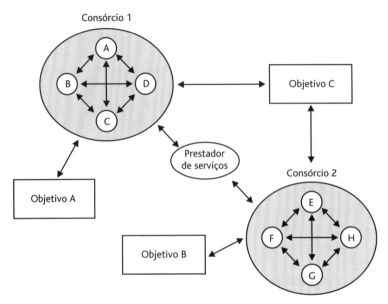

FIGURA 6.2 Estrutura dos consórcios.

de consórcios empresarias, como demostra o exemplo das usinas solares no deserto do Saara apresentado no Box 6.2

Embora frequentemente adotados para viabilizar o agrupamento de empresas em projetos colaborativos, os consórcios possuem alguns pontos críticos que devem ser observados a fim de intensificar a cooperação entre as empresas envolvidas, a saber: a) adotar um processo de tomada de decisão mais participativo e menos assimétrico, facilitando o relacionamento entre as partes; b) preconizar uma divisão mais equilibrada da propriedade e da riqueza gerada, fortalecendo os relacionamentos de longo prazo; c) evitar desequilíbrio na distribuição dos ganhos em favor dos proprietários das maiores quotas, pois, se isso ocorrer, os proprietários com quotas menores poderão ficar desmotivados na busca dos ganhos coletivos.

BOX 6.2
CONSÓRCIOS DE EMPRESAS PARA GERAR ENERGIA SUSTENTÁVEL

A Europa busca nos desertos um caminho para suprir sua demanda energética. O mais ambicioso projeto energético europeu está em curso na África, no Deserto do Saara. É lá que o consórcio Desertec, formado por 50 empresas alemãs, começou a construir ano uma usina de energia solar colossal. A ideia é construir usinas solares em várias partes do Saara para atender de 15% a 20% das necessidades europeias. Fazem parte do consórcio alemão, criado em 2009, algumas das mais importantes empresas do país nos setores tecnológico (Siemens e ABB); de energia (RWE e E.on); e financeiro (Deutsche Bank e a companhia de resseguros Münchner Rück).

A primeira usina terá um investimento previsto de 2 bilhões de euros, ocupará uma área de 12 quilômetros quadrados e fornecerá 500 megawatts de energia para o continente europeu. Ao todo, o projeto, que prevê a construção de mais usinas em Marrocos, Egito, Argélia e outros países, deverá custar 400 bilhões de euros, sendo 50 bilhões só nas linhas de transmissão.

Os cabos de transmissão já começaram a ser instalados no Mar Mediterrâneo. Para isso, foi fechado um acordo com a Medgrid, um consórcio de 20 empresas francesas voltadas a desenvolver fontes sustetáveis de energia. A Desertec Foundation (fundação que promove a iniciativa) já assinou acordos de cooperação paa viabilizar a transmissão de energia entre o Marrocos e a Espanha com capacidade de 1.400 megawatts.

Günther Oettinger, comissário de Energia da União Europeia, vê o projeto Desertec como a opção do futuro de uma Europa sem energia atômica. Por enquanto, apenas a Alemanha decidiu por lei abandonar o uso da energia nuclear, mas as alternativas renováveis são vistas como o futuro de todo o continente. Atualmente, 80% da energia da França vêm de centrais atômicas. "Há agora uma perspectiva concreta para a produção de energia solar eólica para a população da Europa, Norte da África e Oriente Médio" diz Oettinger.

Fonte: Adaptado de Magalhães-Ruether (2012).

Redes associativas

O acirramento competitivo e o aumento das dificuldades enfrentadas pelas pequenas e médias empresas – problemas ampliados com às transformações econômicas discutidas no Capítulo 1 – fizeram ressurgir alguns movimentos em prol da união de esforços, sob a lógica do associativismo empresarial. A atual ênfase do associativismo empresarial está na percepção de que dificuldades e oportunidades comuns podem ser superadas com a realização de ações colaborativas que possibilitem às empresas de pequeno porte aumentar sua escala mediante a formação de redes associativas.

De maneira distinta das duas configurações apresentadas anteriormente, as redes associativas concentram em uma estrutura única – a associação – os mecanismos necessários ao desenvolvimento das relações entre seus agentes. À associação é delegada a tarefa de gerir as atividades interdependentes e promover a integração de seus membros e destes com o ambiente.

Os associados, por sua vez, esperam que a estrutura criada reduza as dificuldades decorrentes da baixa capacidade competitiva de suas empresas.

Convém destacar que a formação de redes associativas, especialmente por PMEs, visando à superação de obstáculos comuns não é uma proposta recente. As primeiras associações empresariais holandesas, por exemplo, foram formadas ao final do século XIX, com seu número crescendo nos períodos de graves crises econômicas, como nos anos pós-guerra, entre 1918 e 1919 e 1945 e 1955 (WAARDEN,1992). O atual crescimento das redes associativas compostas por PMEs demonstra que a motivação principal está na necessidade de soluções para oportunidades e problemas coletivos, tal como pode ser visto nas iniciativas de redes brasileiras como a Rede Labforte de análises laboratoriais apresentada no Box 6.3.

BOX 6.3
O ASSOCIATIVISMO NA REDE LABFORTE DA BAHIA

O embrião da Rede LabForte foram as reuniões realizadas entre os anos de 1997 a 2000, onde seis laboratórios de análises clínicas tiveram o interesse em iniciar uma associação com a finalidade de: trocar experiências administrativas; realizar estudos de casos científicos e de tendências de mercado; e implantar sistemas de qualidade. Destes seis laboratórios, somente um era da capital Salvador, os outros situavam-se no interior do estado. O que para muitos seria considerado uma dificuldade, pela distância, ajudou a aproximar mais os empresários, pois puderam discutir os assuntos com liberdade sem muita preocupação com a concorrência entre eles. O grupo que se reunia mensalmente para discutir principalmente questões técnicas, aos poucos foi crescendo, e logo eram doze empresas associadas O pensamento de parceria fez com que os pequenos laboratórios se unissem e assim conquistassem resultados significativos, seja em redução do custos de insumos ou no acesso a processos de exames bioquímicos. Em 2007 nasceu a Rede Labforte.

A Labforte é uma rede bem-sucedida do setor de laboratórios do Estado da Bahia. Juntos, os trinta e nove associados conseguem competitividade no mercado, maior poder de barganha com fornecedores e aperfeiçoamento de seus sistemas de gestão e governança, formando o maior conglomerado de análises laboratoriais do Norte e Nordeste do Brasil.

A Rede Labforte encontrou dificuldade nas negociações iniciais com os fornecedores que não eram favoráveis a ideia do associativismo. O principal motivo desta reação era o medo de que as empresas trocassem informações sobre preços e outras condições mercadológicas, incorrendo numa guerra contra os fornecedores por melhores negociações. Aos poucos os fornecedores acabaram se rendendo ao modelo associativo e entenderam que trabalhar com um grupo de empresas acabava facilitando a logística, forma de pagamento e volume de venda dos produtos. E, ao contrário do que os fornecedores acreditavam, eram os associados, que estavam resistentes a troca de informações, demonstrando desconforto com a sensação de estar se unindo à concorrência. Mas esta resistência também foi quebrada através de encontros, reuniões e muita dedicação à causa. Com a troca constante de informações, cada empresário buscou adquirir o melhor. O grupo aprendeu por meio de cursos feitos no Sebrae a confiar uns nos outros.

As dificuldades ainda são muitas, mas serão superadas com o aumento da profissionalização de todos os envolvidos. Após a formação da Rede, todos os laboratórios cresceram mais que 12% ao ano, um crescimento acima da média nacional, que gira em torno de 7%. A Rede Labforte obteve ainda a padronização dos processo, preços competitivos e maior qualidade dos produtos. Para conquistar esta qualidade, a Rede elaborou uma comissão científica para analisar todos os produtos antes de bater o martelo e fechar a compra.

Uma das grandes conquistas do associativismo é o processo de eleição do presidente na Rede Labforte. Esta é feita por voto durante as assembleias periódicas, onde os interessados em conduzir a Rede manifestam-se, iniciando então, a votação democrática. Neste processo, completamente aberto e transparente já foram eleitos dois presidentes. Conforme o atual presidente da rede, Eduardo Borges "O associativismo é uma das formas mais inteligentes das empresas se erpetuarem em sua atividade. Desde os primórdios da administração, lá na Teoria da Burocracia, Max Weber já pregava que as corporações teriam dificuldade de permanecerem no mercado sem que houvesse uma união mais racional em sua atividade".

A intenção da Rede é associar pelo menos um laboratório em cada município com mais de 50 mil habitantes no estado da Bahia e obter independência dos grandes grupos econômicos que atualmente realizam alguns exames específicos. A Rede Labforte quer chegar em 2022 sendo a maior referência associativa no país, agregando valor aos diversos setores da economia. Para os associados da Rede Labforte, o paradigma da concorrência foi quebrado através da união, amizade e da troca de experiências administrativas e científicas, o concorrente não é mais aquele que está do seu lado e vive as mesmas dificuldades, mas sim os grandes grupos econômicos que adentram no Brasil dia após dia.

Fonte: Adaptado de Serviço Brasileiro de Apoio às Micro e Pequenas Empresas (2014).

As redes associativas são dotadas de poderes e instrumentos para promover e gerenciar a formação e o crescimento dos grupos de empresas. É por intermédio delas e de sua gestão do fluxo de recursos entre os associados e entre estes e as demandas externas que as PMEs procuram reduzir as incertezas ambientais (PROVAN, 1983). As redes associativas são comumente encontradas em setores nos quais as empresas de grande porte exercem forte concorrência com as PMEs, que buscam na associação a sua sobrevivência. A Figura 6.3 ilustra graficamente essa configuração de rede.

As redes associativas são entidades formalizadas, cuja coordenação democrática conta com a participação de todos os envolvidos. As normas são especificadas no estatuto e no regimento da associação, que representam contratos estáveis mas flexíveis. As salvaguardas dos relacionamentos são balizadas pelos mecanismos sociais, que propõem regras básicas de relacionamento, e os ganhos gerados em conjunto são distribuídos o mais equanimemente possível. A administração democrática abre espaço para a participação optativa dos membros nas decisões gerais. Uma equipe diretiva, formada por representantes dos próprios associados, assume as decisões operacionais, controlando e monitorando as atividades dos membros.

Esse espectro de coordenação é possibilitado pela lógica associativa, segundo a qual a propriedade da associação pertence a todos os envolvidos (enquanto participantes da associação), sem que nenhum deles tenha a posse individual de quotas ou ações dessa organização. Isso permite às redes associativas coordenar eficientemente as práticas colaborativas, tornando claros os direitos e deveres dos associados, conservando sua individualidade, buscando o comprometimento de cada um e evitando o surgimento de privilégios ou desequilíbrios entre eles. Como observa Grandori (1997), o contrato associativo abrange a definição dos objetivos comuns a serem alcançados, os benefícios que cada participante deverá receber, as contribuições dos membros e os procedimentos de tomada de decisão por meio

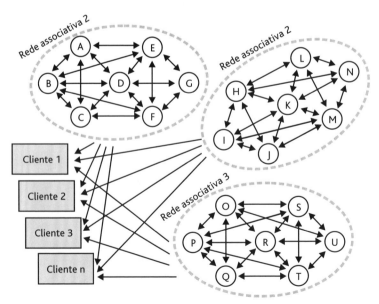

FIGURA 6.3 Estrutura das redes associativas.

dos quais a associação deverá ser governada. Embora a rigidez formal de uma associação possa variar consideravelmente, os mecanismos de gestão devem respeitar a autonomia decisória dos membros.

A recente expansão das redes associativas pode ser explicada pelo fato de possuírem certos atributos necessários à ação conjunta de empresas, a saber: os aspectos contratuais, que promovem a divisão equilibrada das riquezas geradas, e os aspectos sociais, que geram confiança mútua dos associados, permitindo-lhes socializar o conhecimento, por exemplo. No entanto, cabe sinalizar um dos principais desafios que as redes associativas deverão superar para obter seus ganhos de forma efetiva ao longo do tempo: mais do que simplesmente reagir às contingências ambientais, elas precisarão desenvolver uma clara orientação estratégica, a fim de obter das empresas associadas uma maior competitividade.

Na maioria dos casos, a associação tende a atuar muito mais como motivadora e orientadora do processo de cooperação entre as empresas, além de mediadora entre essas empresas e seu ambiente. Isso pode impedir que benefícios como o poder de mercado, a inovação e o desenvolvimento tecnológico sejam alcançados por meio da rede. Ademais, as redes associativas necessitam de mecanismos claros de gestão da cooperação que estabeleçam uma integração comercial e produtiva entre as empresas, gerando ganhos de escala e não perdendo flexibilidade.

Uma das principais dificuldades enfrentadas não apenas pelas redes associativas, mas pelas redes de fornecimento e pelos consórcios, é que elas não têm sido geridas de modo a constituir uma nova organização. Por conta disso, enfrentam dificuldades para viabilizar o comprometimento dos empresários com estratégias colaborativas que visem à geração de maior competitividade para as empresas associadas.

Chegando ao final deste capítulo, salientamos não haver uma configuração de rede de cooperação que seja infalível e ideal para todas as organizações. De maneira que cada grupo de empresas deverá buscar a configuração que melhor coordene a interação entre seus participantes e possibilite a consecução dos objetivos comuns. As três configurações ora discutidas representam as soluções encontradas por diferentes tipos de organizações em diferentes contextos, razão pela qual apresentam características peculiares, benefícios distintos e desafios a superar. O Quadro 6.1 exibe uma síntese comparativa entre as diferentes configurações de redes de cooperação discutidas.

Conforme demonstrado no capítulo anterior, as redes de cooperação podem apresentar uma variada gama de tipologias. Os três modelos destacados neste capítulo tiveram como intenção aprofundar principais características, benefícios e desafios de algumas das configurações de redes comumente utilizadas. Não obstante, cabe ressaltar a presença de uma propriedade comum a essas três configurações: todas as empresas participantes buscam atingir

QUADRO 6.1 Características das três configurações de redes

Configurações	Características	Benefícios	Desafios a superar
Redes de fornecimento	Foco nas competências essenciais da empresa líder, ficando as atividades paralelas e complementares a cargo da rede de fornecedores.	Constituem uma estrutura produtiva, integrada e flexível. Possuem uma organização líder, focada na competitividade. Buscam a aprendizagem e a geração de inovações coletivamente.	Evitar o controle de apenas uma empresa. Fortalecer os elementos de confiança e transparência entre os membros. Equilibrar o poder decisório entre fornecedores e empresa líder.
Consórcios	União de empresas visando à obtenção de ganhos de escala. Manutenção da individualidade e da autonomia decisória da própria empresa. Formalizados por contrato específico. Utilizados com fim predeterminado. Tempo de duração a vincular-se à realização do objetivo definido em contrato.	Interesses comuns direcionados a superar obstáculos ou oportunizar novos negócios aos membros. Coordenação democrática, na qual o quadro diretivo deve ser eleito em assembleia. Existência de normas e procedimentos que garantem os sistemas de controle e o monitoramento da performance. Formação de equipes, com a divisão de trabalhos entre as empresas envolvidas.	Evitar a formalização excessiva das estratégias colaborativas por meio do contrato. Promover a divisão equânime das riquezas produzidas pelas empresas participantes. Enfatizar estratégias também no consórcio como um todo, e não somente nas empresas participantes.
Redes associativas	Surgem com o aumento das dificuldades estruturais das empresas. Partem do pressuposto de que as dificuldades e oportunidades comuns podem ser superadas com a realização de ações colaborativas.	Constituem uma entidade formalizada. Gestão democrática, com a participação dos envolvidos nas decisões e ações da rede. Normas especificadas em estatuto e regimento, que representam contratos estáveis e flexíveis. Os ganhos gerados em conjunto são distribuídos o mais equilibradamente possível.	Promover um caráter estratégico, e não apenas se apresentar como tábua de salvação das empresas associadas. A motivação deve ser equilibrada entre as necessidades individuais e da rede associativa. Valorizar mais a integração flexível e a orientação estratégica.

objetivos que isoladamente teriam poucas condições de obter. Esse traço fundamental das redes de cooperação reitera a importância de entendê-las como uma nova organização que, como qualquer outra, necessita de instrumentos de administração e de profissionais habilitados para sua gestão. Os elementos delineadores das redes como uma nova organização serão discutidos no próximo capítulo.

7
A rede como uma nova organização

A rede como um novo modelo organizacional

Considerando-se os conceitos apresentados nos últimos capítulos, podemos identificar duas grandes concepções de redes de cooperação. A primeira delas interpreta as redes como um arranjo organizacional intermediário ou híbrido, no qual algumas características das transações de mercado e das relações hierárquicas estão presentes. Os teóricos desse enfoque entendem que as redes não constituem uma forma particular de organização da atividade econômica, mas uma combinação híbrida entre os elementos estruturais do mercado e suas transações e os elementos hierárquicos das grandes empresas. As redes estariam, na visão dessa corrente de análise, situadas em um meio termo no espaço demarcado, em um extremo, pelas relações soltas de mercado e, em outro, pelo controle firme da hierarquia (CASSON; COX, 1997).

Já para os adeptos da segunda concepção, as redes de cooperação não habitam esse meio-termo, mas constituem uma terceira forma organizacional, com características únicas e distintivas ante as relações de subcontratação do mercado e de hierarquia (HÅKANSSON; SNEHOTA, 2006). Alguns autores vão mais longe nessa interpretação, a ponto de afirmar que, no futuro, as redes de cooperação podem vir a ser o principal modelo organizacional (THOMPSON, 2003).

Dessa discussão sobre o conceito de redes de cooperação o que se deve enfatizar é sua particularidade como forma organizacional. Em outras palavras, a rede entendida como uma nova organização nada mais é do que a combinação única e singular de estratégia, estrutura e gestão (ZEFFANE, 1995). Em vista disso, entende-se que as redes de cooperação representam uma forma organizacional diferenciada, que inclusive consegue reunir vantagens da hierarquia e das relações de mercado. A concepção da rede como organização permite aprofundar o conhecimento sobre seus aspectos gerenciais, bem como instituir mecanismos de administração que lhe possibilite enfrentar as pressões e contingências do ambiente. Assim, o conceito de rede como uma nova organização parte das configurações de redes de cooperação já apresentadas – consórcios, redes de fornecimento, redes associativas, etc. –, dotando-as de uma clara visão estratégica e de mecanismos de gestão da cooperação. Dessa forma, as redes de cooperação passam a ser grupos de empresas coesas e amplamente inter-relacionadas, orientadas a gerar e oferecer soluções competitivas de maneira coletiva e coordenada. Ou seja, são formadas por um conjunto de empresas interdependentes agrupadas em uma estrutura única, constituindo uma nova organização tão ou mais importante que as próprias empresas participantes.

A rede como organização possui, portanto, os processos de gestão clássicos, como planejamento, organização, direção e avaliação, com gestores capacitados, objetivos de longo prazo e estratégias definidas. Além disso, outros elementos como valor da reputação, interdependência, complementaridade de recursos, comunicação relacional, flexibilidade, comprometimento e ênfase coletiva, também estão presentes nesse novo modelo organizacional. Não obstante, estão igualmente presentes a estratégia, o planejamento, a direção, o staff e os demais instrumentos desenvolvidos pela teoria e pela prática da administração, com as devidas adaptações para sua aplicação na gestão das redes.

Como em qualquer empresa, os gestores de uma rede de cooperação precisam tomar decisões que envolvam as funções clássicas de planejamento, organização, direção e controle. Contudo, as decisões recairão sobre as ações conjuntas, a coordenação ocorrerá em relação aos membros interdependentes, o controle será exercido sobre as práticas compartilhadas e a avaliação dos resultados irá mensurar os ganhos obtidos com a cooperação por todos os participantes.

Como já amplamente realçado, as redes estruturadas como uma nova organização devem ser tratadas à luz dos estudos realizados pelas múltiplas áreas de conhecimento da teoria administrativa. A gestão da rede é o elo que permite integrar a estrutura e a estratégia das empresas associadas – e, por conseguinte, os resultados esperados da cooperação. Com isso destaca-se que, se uma rede de cooperação é entendida como uma forma organizacional, então sua eficácia dependerá, em grande parte, da competência de seu gerenciamento. Os aspectos relacionados à gestão das redes de cooperação serão aprofundados na Parte III deste livro, que apontará caminhos viáveis para o empreendimento de iniciativas de cooperação entre pequenas, médias e grandes empresas. Antes disso, é importante compreender as principais característdas das redes de cooperação como um novo modelo de organização.

Característica das redes como organização

A concepção de rede de cooperação como uma nova organização é sustentada por uma identidade organizacional coletiva, com valores que são compartilhados entre os seus membros e que emergem do histórico de experiências e geração de ganhos competitivos em relação a outras organizações fora da rede. Essa identidade coletiva é estabelecida como um ativo institucional dentro das fronteiras da rede, caracterizando quem está dentro e quem está fora. Isso reforça o caráter da identidade que é representado pela rede, delineando sua singularidade como uma forma de organização. Assim, a rede é compreendida não apenas como relações "soltas" entre empresas, mas como uma nova estrutura organizacional, que apresenta uma nova possibilidade de configuração entre os elementos de estratégica, estrutura, processos e coordenação.

A estratégia é uma das características da rede como uma forma organizacional. Diferentemente da lógica habitual da competição individual, presente em escolas clássicas do pensamento estratégico (BARNEY, 1991; PORTER, 1986), a estratégia no escopo de uma rede assume uma ênfase predominantemente coletiva (JARILLO, 1993), que combina competição e cooperação simultaneamente (BRANDENBURGER; NALEBUFF, 1995). A dinâmica da rede é um alinhamento entre a estratégia da rede com as estratégias das empresas associadas. Essa dialética que se estabelece entre interesses das empresas e da rede, convergindo para uma estratégia robusta em direção ao alcance dos objetivos coletivos, pode ser considerada uma fortaleza das redes e de suas empresas em relação às demais (PROVAN; FISH; SYDOW, 2007).

A segunda característica que distingue a rede como uma nova forma organizacional é sua estrutura. Redes apresentam estruturas dedicadas que compreendem as capacidades de gestão destinadas e são capazes de suportar e superar as dificuldades inerentes às atividades de cooperação entre as empresas. No entanto, diferentemente da forma clássica de organização, a estrutura da rede se estabelece muito mais por conta das relações dinâmicas entre as suas empresas do que pelo fato de possuir hierarquias estáveis com regras permanentes. Isso significa que as redes estão estruturados principalmente pelas influências provenientes das funções que os membros exercem e as rotinas que orientam o comportamento de cada membro. Apesar de não exigir uma estrutura formal que defina os processos e procedimentos, uma rede conta com com diretrizes claramente definidas, como por exemplo, para a seleção de novos membros, sobre a delegação de funções e dos canais de comunicação (TODEVA, 2006).

O terceiro aspecto que permite as redes serem caracterizadas como uma forma de organização é a coordenação. Nooteboom (2004), por exemplo, afirma que a coordenação é necessária para a consolidação de uma rede e da sua eficácia para atingir os objetivos estabelecidos. No entanto, diferentemente de organizações que muitas vezes adotam mecanismos clássicos de comando e controle, a coordenação de uma rede deverá se valer de mecanismos que sustentem a cooperação, como reciprocidade, confiança e reputação (JONES; HESTERLY; BORGATTI, 1997). A identidade coletiva construída pela rede funciona como um esteio que orienta as atividades comuns.

A quarta característica que distingue as redes como formas organizacionais são os processos. Cada organização conta com um desenho de processos para uma noção clara dos passos a serem seguidos e de ações que devem ser tomadas para atingir os seus objetivos. Nas redes, os processos são coletivos. O objetivo dos processos coletivos é certificar-se que os membros sigam os passos necessários para o sucesso da cooperação, bem como para a seleção de parceiros, de negociação de ações coletivas, entre outros (KALE; SINGH, 2009). Os processos coletivos podem reforçar uma identidade comum e, acima de tudo, contribuir com a delimitação das fronteiras da organização, uma vez que tais orientações irão definir aqueles que estão dentro e os que estão fora da rede (PROVAN; FISH; SYDOW, 2007).

Finalmente, uma quinta característica é a própria dinâmica dos relacionamentos presentes nas redes. Os relacionamentos abrangem tanto a interação interna entre os membros da rede quanto a interação da rede com o seu ambiente externo. Autores como Kale e Singh (2009), argumentam que os membros de uma rede de coperação desenvolvem competências relacionais que lhes permitem cooperar internamente para que possam competir externamente. Os relacionamentos ainda promovem a identidade coletiva entre os participantes, mostrando as semelhanças entre os envolvidos, ao mesmo tempo que reforçam o sentido consciente dos objetivos coletivos que a rede busca atingir enquanto opera como uma organização unificada (KILDUFF; TSAI, 2003).

A formação das redes de cooperação

No modelo organizacional de redes de cooperação, diferenciais competitivos como inovação, qualidade e redução de custos são alcançados pela ação conjunta de uma ampla gama de empresas, cuja condição de parceiras permanentes não as impede de manter sua autonomia de gestão. Grandes empresas como a Toyota, quando aliadas a outras empresas pequenas e médias, obtêm o melhor dos dois mundos: de um lado, rápida adaptabilidade, flexibilidade e aprendizagem do mercado; de outro, o planejamento, a direção e o controle de uma estrutura hierárquica.

Contudo, não é obrigatório que a empresa de grande porte seja a formadora e coordenadora central de uma rede de cooperação para se beneficiar de seus ganhos coletivos. Havendo condições propícias, ela pode integrar uma rede já constituída e, assim, evitar investimentos em maquinário, aproveitar mercados consolidados pela rede, acelerar inovações com a obtenção de conhecimentos e até mesmo desenvolver diferenciais competitivos.

O caminho das redes de cooperação também vem sendo seguido pelas pequenas e médias empresas (PMEs). Historicamente, as PMEs apresentam enormes dificuldades para acompanhar o complexo mundo concorrencial. Custos elevados, escala reduzida, pouca informação, desconhecimento de mercado, necessidade de treinamento de mão-de-obra e atualização tecnológica, linhas de créditos caras ou inacessíveis e, principalmente, a pouca utilização de instrumentos de gestão são fatores que dificultam a maior parte das iniciativas dos empreendedores. Mesmo que tais problemas não possam ser completamente superados, vários exemplos demonstram que seus efeitos podem ser neutralizados ou amenizados pela formação de redes de cooperação.

No entanto, como visto, em muitos casos as PMEs acabam formando redes associativas voltadas para a superação de dificuldades individuais imediatas e desprovidas de uma visão estratégica que contemple a participação de mercado. Dessa maneira, as questões gerenciais acabam sendo relegadas ou desempenhadas sem um nível de profissionalismo condizente com as complexas dimensões de gestão envolvidas. Como resultado, muitas das redes associativas entre PMEs são constituídas e desconstituídas à medida que as questões pontuais são solucionadas. Assim sendo, não basta que as PMEs empreendam ações em rede; é necessário que essas ações em rede estruturem uma nova organização competitiva e duradoura para que os referidos ganhos da cooperação sejam efetivos ao longo do tempo.

As empresas de pequeno e médio porte que estruturaram redes de cooperação com tais características estão se adequando com muito mais facilidade às atuais demandas competitivas e alcançando um crescimento bem acima dos patamares médios de outras organizações concorrentes. A história da rede IGA – Independent Grocers Alliance (Box 7.1) evidencia a força competitiva de PMEs estruturadas em redes de cooperação e administradas como uma nova organização.

BOX 7.1
AS OPERAÇÕES GLOBAIS DA REDE IGA

A aliança de supermercadistas independentes (Independent Grocers Alliance – IGA) foi fundada em 1926 por um contador, Frank Grimes, que estava alarmado com a grande dificuldade enfrentada pelo varejo independente. A grande ameaça daquela época era o rápido crescimento da gigante The Great Atlantic & Pacific Tea Company (A&P). Foi Grime quem teve então a ideia de levar os supermercadistas norte-americanos a operar de forma cooperada e organizada para obter benefícios de marketing e de poder de compra, entre outros. A ideia tomou corpo apoiada pelos atacadistas e distribuidores que buscavam e motivavam comerciantes independentes a se filiarem voluntariamente a IGA. Para estes atacadistas, a formação do IGA ajudaria a manter vivos os supermercados de bairro, que eram seus principais clientes.

Os supermercados de bairro, por sua vez, perceberam que sua melhor chance para competir com as megacorporações da época, como a A&P, era formar uma organização de grande porte com poderes semelhantes. A associação entre empresas surgiu, portanto, como a melhor alternativa para os supermercados que estivessem dispostos a abandonar o individualismo, a compartilhar recursos e abrir mão de parte de seus ativos, como, por exemplo, a marca, para se tornarem mais fortes conjuntamente. Nascia, assim, o IGA, uma nova organização estruturada sob a forma de rede de cooperação – ou seja, um modelo organizacional constituído de múltiplas empresas coesas e amplamente inter-relacionadas, orientadas a gerar e oferecer ganhos competitivos de maneira coletiva e coordenada.

Em 2015 a rede operava em 30 países, congregando mais de 5 mil supermercados independentes com um faturamento anual de 36,5 bilhões de dólares, uma rede competitiva em escala mundial. Passados quase cem anos da sua fundação, permanece em crescimento. Seus varejistas independentes têm acesso a um enorme grupo de fornecedores e parceiros do setor e, de forma conjunta, preservam a identidade de uma empresa local, mas de âmbito global. Um dos diferenciais da rede IGA são seus sistemas de qualificação e avaliação dos profissionais, executados dentro de procedimentos compatíveis com os padrões internacionais, que habilitam o supermercado a obter o almejado "Selo IGA" de excelência. Aliado aos sistemas de gestão, à tecnologia de operação e aos procedimentos logísticos, a obtenção do selo IGA transforma o supermercado de bairro em um negócio rentável e com padrão de qualidade internacional.

Para valorizar os processos de qualificação que levam ao selo IGA, a rede desenvolveu recentemente a sua premiação dos melhores varejistas do ano. O website da rede informa que "em todo o país e ao redor do mundo, os clientes procuram o seu IGA local para ter um atendimento personalizado que só pode ser encontrado em uma loja nascida na própria comunidade. A cada ano, o IGA reconhece seus melhores lojas e varejistas com os Prêmios de Excelência". Em 2015 foram premiados varejistas localizados nos Estados Unidos, na Austrália, na China e no Caribe.

A Rede IGA conta com campanhas promocionais conjuntas e uma marca própria que garante e ratifica a identidade dos varejos independentes associados em todo o

> mundo. Outro ganho competitivo da rede IGA são as parcerias com os grandes fornecedores do setor, entre os quais a Nestlé, a P&G, Coca-Cola e Kraft que, por exemplo, oferecem condições especiais e promoções dirigidas. Paralelamente a rede também se preocupa com a formação dos profissionais que atuam nas milhares de empresas por meio do Instituto IGA. O Instituto foi criado para suprir a lacuna de qualificar os profissionais especializados em varejo de alimentos. A maior parte dos cursos é disponibilizada em sua plataforma *online*. Assim, o Instituto IGA permite que programas híbridos de treinamento de desenvolvimento sejam levados a todos os níveis de colaboradores da rede. Em 2014, por exexmplo, o Instituto teve 327.000 mil matrículas oferecendo uma significativa base de oportunidades de cursos online.
>
> O presente caso, além de mostrar um exemplo bem-sucedido de cooperação entre empresas, revela também uma questão fundamental – a IGA somente se transformou em uma empresa global por adotar práticas modernas de gestão, de aprendizagem e de busca por resultados. Isso significa que seus gestores entendem a rede como uma organização.
>
> **Fonte:** Texto elaborado pelo professor Paulo Goelzer para a obra a partir de , IGA (c2016) e IGA Coca-Cola Institute (c2004).

No caso da rede IGA fica claro que as empresas identificaram oportunidades valiosas, obtendo os ganhos competitivos propiciados pela formação de redes de cooperação. Entretanto, experiências como essas sugerem a importância da intervenção específica de agentes, públicos ou privados, sobretudo para o desenvolvimento inicial de uma rede de cooperação.

No caso do envolvimento privado, algumas empresas de grande porte precisam de parceiros para desenvolver seu negócio, assumindo o desafio de gerar e manter a rede de cooperação, liderando o processo, formando coalizões e abrindo caminhos para informações e *know-how* ao conjunto de associados. No caso do envolvimento público, os governos ou instituições governamentais também agem como indutores do processo, promovendo a ideia, indicando caminhos a trilhar e fazendo-se mediador dos conflitos. Um bom exemplo desse envolvimento público é o programa Redes de Cooperação do governo do Estado do Rio Grande do Sul, que será detalhado na próxima seção.

A promoção das redes de cooperação no Rio Grande do Sul

O programa Redes de Cooperação (PRC) é um caso raro na política pública brasileira. Concebido em 1999 e lançado no ano seguinte, o PRC está em operação há 16 anos, apesar da recorrente alternância de poder no governo do estado do Rio Grande do Sul. Seu objetivo principal é fomentar a cooperação entre pequenas e médias empresas e oferecer o suporte necessário para a formação e desenvolvimento de redes. A concepção de um programa específico de fomento à cooperação entre organizações originou-se pela percepção, em primeiro lugar, de que a associação em grupos era uma das poucas alternativas viáveis de crescimento e, em alguns casos, até de sobrevivência de empresas de pequeno porte e, em segundo lugar, de que, sem o apoio institucional efetivo de uma terceira parte independente – no caso o governo do estado – a almejada cooperação entre as empresas não ocorreria.

A política pública foi desenhada durante 12 meses de planejamento e debate com a sociedade civil e entidades empresariais. A partir dessas discussões, o governo concebeu o programa Redes de Cooperação com três pilares de sustentação: a) uma metodologia de formação, consolidação e expansão de redes de cooperação; b) uma estrutura regionalizada de apoio à implementação do modelo de rede proposto; e c) uma coordenação estadual mantida pelo governo.

A metodologia de formação de redes é a base de operacionalização do PRC. Sua elaboração teve por objetivo proporcionar as melhores condições para o surgimento das redes, organizando a cooperação entre as empresas interessadas. Ela sistematiza os principais passos necessários para que empresas com características semelhantes consigam empreender ações conjuntas com vistas a atingir objetivos comuns. As etapas da metodologia compreendem, entre outras medidas, a exposição da ideia, a definição de um plano de atuação conjunta das empresas, a execução das ações previstas no plano operacional da rede e o planejamento estratégico de longo prazo. O segundo pilar do PRC é a utilização de núcleos regionais de atuação sustentados por convênios com diferentes universidades, as quais desempenham dois papéis relevantes: a intermediação entre as especificidades locais e a coordenação estadual e a operacionalização da ferramenta metodológica junto às redes de empresas. Por fim, o terceiro pilar é a coordenação estadual do programa que acompanha as universidades e define as diretrizes gerais da política pública.

A operacionalização do PRC teve início no ano 2000, a partir de um projeto-piloto que contou com a participação de uma universidade conveniada e de sete consultores capacitados, os quais atendiam às pontuais demandas de grupos de empresas que já manifestavam o desejo de organizar-se em redes de cooperação. No início de 2001 sete redes havia sido formadas e lançadas, abrangendo segmentos variados, como o de comércio de material de construção e o de indústria de móveis. Com esse projeto-piloto foi possível aprimorar a metodologia e o processo de treinamento e acompanhamento dos consultores.

A partir de 2001, o PRC se disseminou em todo o estado. Foram conveniadas cinco universidades e contratados e capacitados 30 consultores. Além disso, a coordenação do programa desenvolveu instrumentos de sensibilização de empresas, com a criação de materiais publicitários e eventos especificamente voltados às PMEs. Com a ampliação para outras universidades, os resultados obtidos superaram as expectativas iniciais. No final do ano de 2002, o programa havia conseguido lançar 43 redes de cooperação, envolvendo cerca de mil estabelecimentos e 10 mil postos de trabalhos diretos. Além disso, a metodologia desenvolvida se mostrou flexível a ponto de possibilitar a formação de redes em setores econômicos amplos e diversos, como nos serviços, no comércio varejista e na indústria, na agroindústria e, até mesmo, na produção agrícola.

O ano de 2003 foi decisivo ao PRC, pois um novo partido, opositor ao que estava no poder, assumiu o governo. A mudança política, todavia, não teve maiores consequências para o programa. De forma contrária a tradição de não dar prosseguimento aos programas e projetos de administrações de adversários políticos, mesmo (e principalmente) quando exitosos e benéficos à sociedade, o governo que assumiu firmou a intenção de não somente manter o PRC, mas também de melhorá-lo e ampliá-lo até 2006. No ano seguinte, foram retomados os trabalhos de formação e acompanhamento das redes regionalmente por meio de parcerias junto a sete universidades. Com a expansão do PRC, o número de redes formadas foi triplicado e o número de empresas associadas foi duplicado em um ano. Ao final de 2004, o programa havia formado 120 redes e agregado mais de 3 mil empresas.

Ao final do governo, em 2006, foi elaborada uma pesquisa quantitativa para mensurar os resultados do PRC e subsidiar a decisão de sua continuidade. Coletando dados de uma amostra de 816 respondentes, a pesquisa apontou que houve um aumento médio de 23,64% no faturamento das empresas, uma redução média de 11,62% nos custos relacionados às compras, um aumento médio de 22,95% no nível de investimento e um aumento médio de 3,71% do número de funcionários das empresas associadas às redes. Esta iniciativa de evidenciar e publicizar os resultados do PRC se mostrou eficiente para sua perpetuação (VERSCHOORE; BALESTRIN, 2010).

No ano seguinte, novamente com a ascensão de um partido de oposição aos dois anteriores, o PRC poderia perder sua relevância ou, até mesmo, ser descontinuado. Contudo, mais uma vez, a visibilidade dos seus resultados motivou os novos governantes a manter a política. O contexto do PRC em 2007 era mais amplo. Já havia mais de 200 redes de cooperação constituídas. O desafio do novo governo, portanto, não era mais formar redes, e sim apoiar o crescimento daquelas já existentes. Duas ações foram empreendidas para ampliar o escopo de atuação do PRC. Primeiro, foram criados modelos de avaliação das redes formadas e instituídos novos instrumentos de acompanhamento. Segundo, o programa passou a dar mais atenção à coordenação da cooperação nas redes, com a identificação, catalogação e divulgação das melhores práticas de gestão e dos casos de sucesso (ANTUNES; BALESTRIN; VERSCHOORE, 2010).

Estas ações ajudaram a consolidar as redes de cooperação que haviam superado a dependência do PRC e trilhavam seus próprios caminhos. Em 2011, uma nova alternância de poder ocorreu no governo estadual. Mas, dessa vez, o partido que assumiu a administração era o mesmo que uma década antes havia criado o PRC. Embora o programa contasse com o apreço da nova administração, os desafios de continuidade eram maiores, já que precisaria trabalhar junto a centenas de redes que não dependiam mais dos instrumentos públicos.

A abordagem do PRC para lidar com este desafio foi adequada. Antes de retomar as atividades junto às redes, foi realizada, em 2012, uma extensiva pesquisa sobre a situação de cada iniciativa constituída. O levantamento inicial feito junto às universidades que operacionalizavam o programa indicou que 168 redes de cooperação permaneciam em atuação, mas que havia diferenças significativas entre os estágios de evolução de cada iniciativa.

Para entender estas diferenças, foi averiguado o nível de desenvolvimento da gestão das redes de cooperação tendo em vista que elas deveriam ser entendidas como uma organização. A pesquisa analisou mais de 50 redes de cooperação que atuavam em 46 diferentes segmentos do comércio, serviços e indústria. Os resultados evidenciaram que as redes mais bem avaliadas nos quesitos organizacionais da estratégia, estrutura e processo obtinham os melhores resultados coletivos (GRUPO DE ESTUDOS SOBRE REDES INTERORGANIZACIONAIS, 2013). Então, a continuidade do PRC passava pelo aprimoramento dos instrumentos de gestão das redes participantes.

Antes de reiniciar a operação, a coordenação do programa em conjunto com representantes das universidades envolvidas revisou a metodologia de acompanhamento das redes e reestruturou o curso de formação de consultores de campo. Além disso, novos instrumentos para o desenvolvimento das redes de cooperação foram criados. Destaca-se a metodologia de projetos colaborativos que se propõe a ajudar a identificar, selecionar e executar ações pontuais entre as empresas de cada rede. Estes projetos pontuais poderão ser o embrião de ações entre as diversas iniciativas ampliando o escopo da cooperação dentro do PRC. A missão dos consultores que estão atuando junto às redes é conseguir adotar essas melhorias e metodologias para manter o crescimento das redes e a continuidade do programa.

Nessa trajetória de mais uma década, observa-se que a perenidade da PRC como política pública ocorreu, em grande parte, devido aos resultados que se tornaram perceptíveis para os diferentes governantes que se sucederam. Resultados obtidos principalmente pelas empresas participantes das redes de cooperação. Foram benefícios diversificados como a melhoria das negociações comerciais, uma vez que a união em rede aproximou as empresas dos fornecedores, permitindo um relacionamento mais vantajoso entre as partes. Ocorreu também o compartilhamento de ideias e experiências, pois, à medida que o processo de integração entre as empresas transcorria, as barreiras à comunicação entre os participantes eram rompidas. Isso abriu espaço para a troca de informações técnicas e comerciais, bem como para o conhecimento de novos conceitos, métodos e estilos de gestão para a resolução de problemas e o desenvolvimento dos negócios.

As redes formadas também possibilitaram a abertura e a consolidação de mercados para os produtos e serviços das empresas envolvidas, por meio da participação conjunta em feiras e eventos e da criação de canais de escoamento, como centros de vendas conjuntas e estruturas nacionais e internacionais de apoio à comercialização. Houve ainda ganhos de credibilidade. As empresas inseridas em uma rede passaram a ser percebidas de maneira mais positiva por seus clientes e a dispor de maior crédito junto ao público externo, garantindo maior legitimidade nas ações empresariais e redimensionando a importância da empresa em seu ambiente. Com isso surgiram possibilidades de relacionamentos com universidades, agências estatais e instituições tecnológicas que essas mesmas empresas anteriormente não conseguiam estabelecer de forma isolada.

Estes ganhos permitiram que as empresas associadas conseguissem competir em melhores condições com seus concorrentes, mesmo aqueles de grande porte. As redes geram, portanto, ganhos que tornam as empresas mais competitivas e por isso nós os chamamos de ganhos competitivos. Para compreender o fenômeno das redes é preciso entender seus principais ganhos competitivos e como eles são gerados. A Parte II será inteiramente dedicada aos ganhos competitivos das redes de cooperação.

Parte II
Ganhos competitivos

A segunda parte deste livro será dedicada à apresentação dos principais ganhos das redes de cooperação para a competitividade das empresas associadas, buscando lançar luz sobre os seguintes pontos:

1. Papel das redes de cooperação para a competitividade das empresas associadas.
2. Redes de cooperação como fontes de economias de escala.
3. Benefícios do marketing conjunto.
4. Soluções coletivas geradas pelas redes para as empresas associadas.
5. Papel das redes de cooperação na redução de custos das empresas associadas.
6. Papel das redes na redução dos riscos para as empresas associadas.
7. Papel do capital social para a competitividade de empresas associadas a uma rede.
8. Processo de socialização de conhecimentos entre as empresas associadas.
9. Contribuição das redes para a aprendizagem coletiva das empresas.
10. Papel das redes para os processos de inovação junto às empresas associadas.
11. Modelo de inovação aberta e colaborativa.
12. Principais diferenças entre o modelo de inovação fechada e o modelo de inovação aberta e em rede.

8

Ganhos competitivos das redes de cooperação

Na Parte I deste livro, reiteramos que a lógica predominante das redes de cooperação (que se estende aos demais arranjos, como alianças, *joint ventures* e projetos temporários) é estabelecer relações cooperativas que resultem em ganhos para todos os envolvidos, já que, do contrário, a relação entre eles não se sustentaria. Assim, os ganhos competitivos almejados pelas redes de cooperação deslocam o enfoque essencialmente individualista da empresa para uma concepção de resultados coletivos. A expressão "ganhos competitivos" será utilizada para indicar a natureza estratégica desses resultados, tendo em vista o fortalecimento da competitividade das empresas associadas a uma rede.

Nos últimos anos, a literatura econômica e organizacional vem dedicando boa parte dos estudos sobre o fenômeno das redes aos ganhos que as empresas obtêm ou podem obter com elas. Uma exposição que abranja a totalidade desses resultados seria um exercício impraticável. Assim, com o intuito de facilitar esse entendimento, optamos por aglutiná-los em seis diferentes ganhos competitivos. Valendo-nos de estudos prévios (BALESTRIN; VERSCHOORE, 2010; PERUCIA; BALESTRIN; VERSCHOORE, 2011; VERCHOORE; BALESTRIN, 2008a, 2008b;) nós os dividimos entre: Escala e Poder de Mercado; Geração de Soluções Coletivas; Redução de Custos e Riscos; Acúmulo de Capital Social; Conhecimento e Aprendizagem Coletiva; e Inovação Colaborativa (veja Quadro 8.1.)

Neste capítulo, exploraremos os primeiros quatro ganhos competitivos e, no Box 8.1 ao final, relataremos seis casos de redes brasileiras que já se beneficiam deles. Os ganhos relacionados à aprendizagem coletiva e à inovação em rede, por expandirem os resultados da cooperação, serão aprofundados nos Capítulos 9 e 10, respectivamente.

QUADRO 8.1 Ganhos competitivos das redes de cooperação

Ganhos competitivos	Definição	Benefícios para os associados
Escala e poder de mercado	Benefícios obtidos em decorrência do crescimento do número de associados da rede. Quanto maior o número de empresas, maior a capacidade da rede de obter ganhos de escala e poder de mercado.	Poder de barganha, relações comerciais amplas, representatividade, credibilidade, legitimidade, força de mercado.
Geração de soluções coletivas	Os serviços, os produtos e a infra-estrutura disponibilizados pela rede para o desenvolvimento dos seus associados.	Capacitação, consultoria empresarial, marketing compartilhado, prospecção de oportunidades, garantia ao crédito, inclusão digital, estruturas de comercialização.
Redução de custos e riscos	A vantagem de dividir entre os associados os custos e riscos de determinadas ações e investimentos que são comuns aos participantes.	Atividades compartilhadas, confiança em novos investimentos, complementaridade, facilidade transacional, produtividade.
Acúmulo de capital social	Diz respeito ao aprofundamento das relações entre os indivíduos, ao crescimento da sensação de pertencer ao grupo, à evolução das relações sociais, além daquelas puramente econômicas.	Limitação do oportunismo, ampliação da confiança, laços familiares, reciprocidade, coesão interna.
Aprendizagem coletiva	A socialização de conhecimentos entre os associados e o acesso a conhecimentos externos fortalecem o processo de aprendizagem coletiva entre as empresas da rede.	Socialização de informações e experiências, acesso a novos conhecimentos externos, benchmarking interno e externo.
Inovação colaborativa	As ações de cunho inovador desenvolvidas em conjunto por empresas, centros de pesquisa e demais agentes, por meio de um modelo de inovação aberto, integrado e em rede.	Novos produtos e serviços, adoção de novas práticas organizacionais, acesso a novos mercados e desenvolvimento de novos modelos de negócios.

Escala e poder de mercado

Referendado por ditados populares como "a união faz a força", o primeiro ganho percebido quando se trata da formação de redes de cooperação é a possibilidade de ampliar a capacidade de ação de uma empresa por meio da união com outras empresas e instituições. A esse ganho competitivo dá-se o nome de escala e poder de mercado em decorrência das possibilidades que o crescimento do número de associados oportuniza. Pode-se afirmar que quanto maior for o número de empresas, maior será a capacidade da rede em ampliar a escala e, por consequência, o seu poder de mercado.

Este ganho decorre da capacidade de união uma vez que a rede, em conjunto, alavanca o poder de cada empresa na negociação junto aos seus fornecedores e parceiros, conseguindo, assim, mais possibilidades em termos de valores, prazos e condições de pagamento, prioridade de entrega e atenção para eventuais problemas. No entanto, os efeitos das economias de escala nas negociações que permitem obter melhores condições de aquisição de matéria-prima ou de produtos de revenda não são as únicas possibilidades de ganhos competitivos.

BOX 8.1
OS GANHOS COMPETITIVOS DAS REDES BRASILEIRAS

Nos últimos vinte anos, as redes de cooperação formadas no Brasil têm rendido uma série de exemplos bem-sucedidos nas mais diversas áreas de atuação. O saldo positivo dessas iniciativas pode ser conferido no crescimento das empresas e na capacitação de seus gestores, conforme observamos nos seguintes exemplos relatados por técnicos do Sebrae ao redor do país.

A Rede Mix Bahia nasceu da vontade de um grupo supermercadista movido pela necessidade de fortalecer os pequenos e médios empresários do setor de varejo da Bahia. Em 2007, ano de sua criação, a rede possuía apenas 10 supermercados associados e 277 funcionários ao todo. Sete anos depois, a rede saltou para de 27 supermercados associados e 1.200 funcionários. Os ganhos competitivos foram o principal motivador desse crescimento. E a lista não é pequena. A rede reduziu o custo das compras de mercadorias para revenda e para uso e consumo do supermercado, como fardamento, bobinas e sacolas. A rede disponibiliza um sistema de automação comercial e serviços contábeis e advocatícios para todos os associados. Também são proporcionados cursos de aperfeiçoamento para os empresários associados e funcionários das lojas, além de viagens técnicas a outros estados para conhecer outras redes e supermercados. Os custos gerais da Rede Mix Bahia foram reduzidos em média em 10% e alguns supermercados chegaram a reduzir em 40% seus custos após a associação.

A Rede Costa Emeralda nasceu em 2012 e reúne 18 hotéis e pousadas localizados nos municípios de Itapema, Porto Belo e Bombinhas, em Santa Catarina. Por meio de reuniões itinerantes o grupo tem aplicado diversas técnicas de gestão e estratégias de captação de hóspedes, além da implantação de novos serviços com as ideias, sugestões e *benchmarking* obtidos nas reuniões. A rede trabalha a divulgação conjunta do destino turístico no site, em material impresso, participação em eventos do setor, painéis na BR 101, entre outros meios. As conquistas do grupo cresceram, trazendo benefícios, como negociações em conjunto, que propiciaram aos empresários a aquisição de televisores com descontos de até 30%. Os associados hoje conseguem oferecer melhores produtos e, consequentemente, melhores serviços aos seus hóspedes. Novas parcerias com restaurantes e agências de turismo da região melhoraram não só a gama de opções de lazer oferecidas pelas pousadas, como os clientes sentiram a diferença no próprio bolso: restaurantes oferecendo até 20% de desconto em suas refeições, passeios até 40% mais baratos que comprados individualmente.

Em 2010, quando um grupo de empresários de pequenos negócios reuniu-se para formar a RedePrint RS não imaginavam que se tornariam caso de sucesso. São negócios muito pequenos, alguns inclusive trabalhando em formato de quiosque de impressão, produzindo em pequena e média escala. Hoje, com 10 lojas associadas distribuídas em Porto Alegre, Canoas e Novo Hamburgo e mais de 70 funcionários, a RedePrint RS é uma referência do setor gráfico nacional. Isso porque a rede possibilitou uma série de ganhos competitivos às lojas associadas, como o atendimento em conjunto de demandas de maior porte, o aumento no poder de barganha junto aos seus fornecedores e a melhoria dos processos e da qualidade de impressão final. Com isso, as lojas associadas conseguem oferecer aos seus clientes um menor prazo de entrega das impressões solicitadas. A rede também possibilitou a criação da central de produção da Rede Print RS. A central otimiza a produção. As lojas são quiosques de seis a oito metros quadrados localizados em pontos de grande circulação. Os trabalhos lá encomendados são enviados para a central de produção por meio do sistema de gestão integrado, que automaticamente passa os trabalhos pela máquina impressora e reevia ao cliente ou à loja de origem no mesmo dia. Essa otimização viabilizada pelo trabalho em conjunto proporciona ganhos relevantes aos associados, como a redução da capacidade ociosa de máquinas e equipamentos dos associados e a redução de custos e riscos com o investimento em máquinas e equipamentos.

A Rede do Campo nasceu em 2010 na cidade de Alfenas, em Minas Gerais, e reúne 18 lojas de produtos agropecuários. De concorrentes passaram a parceiros, e tornaram-se verdadeiros colegas de trabalho, substituindo o eu pelo nós, pela cooperação, pela coletividade e pelo bem comum. As reuniões itinerantes do grupo, realizadas todo mês em uma cidade diferente, contribuem para que os associados se conheçam e troquem experiências, visitando e avaliando as lojas dos seus parceiros, contribuindo com novas ideias, praticando *benchmarking*. Depois dos encontros, o grupo confraterniza com o intuito de fortalecer os laços de união e amizade. Os laços de amizade são também reforçados entre as famílias dos associados nos encontros anuais da rede. Diversos ganhos foram proporcionados aos associados, como a criação do serviço de atendimento ao cliente, treinamento e organização dos técnicos, assessoria contábil e jurídica e um sistema de informação completo e unificado para as lojas. A Rede do Campo ainda trabalha a sustentabilidade de suas lojas, estimulando a utilização de embalagens biodegradáveis.

A Rede Suprema de Supermercados está localizada no Vale do Ivaí e Piriqui no Paraná. Seus 18 associados têm se beneficiado da cooperação desde a organização da rede, em 2010. A rede implantou e vem desenvolvendo uma central de distribuição que faz toda a diferença para os associados, pois permite coordenar a partir de um só lugar toda a logística e negociação para aquisição dos produtos e serviços. Para atrair o consumidor, a rede investe em *marketing* conjunto, como a padronização das sacolas, bobinas, encartes e nos anúncios em rádios. O retorno tem sido rápido: no lançamento do encarte de promoções o grupo obteve um aumento nas vendas de 10 a 25%. A troca de informações e experiências entre os associados também trouxe aumento nas vendas. Um bom exemplo é o novo *layout* do açougue e da padaria de alguns supermercados, que aprimoraram seu *design* pelo contato que tiveram com outros associados da rede.

No segmento do agronegócio, a cooperação também floresce na Rede Entreflores, que reúne 50 produtores de flores. Os ganhos da rede estão na logística integrada, no *marketing* compartilhado e na negociação conjunta. Instituído em setembro de 2004, o grupo vem se profissionalizando cada vez mais. Seu passo mais ambicioso foi o estabelecimento de uma central de distribuição e comercialização de flores e plantas para solucionar as dificuldades do grupo de empresas associadas. Todas as terças e quintas-feiras, os 50 produtores de flores e plantas ornamentais têm encontro marcado na Central de Abastecimento do Rio Grande do Sul (Ceasa), em Porto Alegre. O espaço conquistado há dez anos pela Rede de Produtores Entreflores permite comercializar flores e plantas ornamentais diretamente aos profissionais de floriculturas ou especializados em eventos. Com a oportunidade, o grupo começou a encarar a tradicional concorrência dos produtores de São Paulo. "Os atacadistas vêm de caminhão e param na porta das floriculturas", conta o presidente da Entreflores, Thomas Adamski. Apesar de árduo, o trabalho de chegar direto ao comprador gaúcho sempre esteve nas metas do grupo. Para isso, desde 2005, os produtores investem em capacitação e na divulgação dos produtos. "Com persistência e qualidade de oferta é possível enfrentar a concorrência", diz.

Fonte: Adaptado de Duarte (2010) e Serviço Brasileiro de Apoio às Micro e Pequenas Empresas (2014).

Ao se organizarem em rede, as empresas associadas estão mais aptas a gerar marcas com expressão e reconhecimento, alcançando maior exposição pública. Tais benefícios não estão apenas relacionados ao enfrentamento da concorrência, mas também ao acréscimo de representatividade e credibilidade. Dado que uma das razões para o sucesso das grandes empresas está no uso deliberado do controle de mercado, benefício que as organizações de menor porte não logram usufruir, a formação de redes desponta como uma real possibilidade de fortalecê-las. E de aumentar-lhes a credibilidade. Na maioria das vezes, ao participar de uma rede, as empresas passam a ser percebidas de forma distinta em sua área de atuação, além de receberem o reconhecimento por parte do público, conquistando maior legitimidade em suas ações e importância nos seus mercados.

Outro benefício de uma maior escala e poder de mercado é a ampliação da capacidade de atrair parcerias e novos negócios. Com uma organização robusta, a rede passa a ser uma nova alternativa para as relações comerciais, gerando oportunidades de negócios antes inviáveis. Paralelamente, verifica-se a possibilidade de estabelecer parcerias com universidades, institutos tecnológicos e agências estatais que as empresas individualmente teriam dificuldades para firmar. De forma geral, este ganho é uma das principais razões para o surgimento das redes de negócio entre pequenas empresas, pois o aumento da escala e do poder de mercado permite melhorar consideravelmente a relação rede com o seu público externo.

A Rede Mundi,[1] do segmento varejista de calçados é um bom exemplo. Ela foi constituída em abril de 2002 e hoje reúne 110 lojas. A sua formação possibilitou um grande aumento do poder de negociação dos varejistas. Para facilitar o acesso aos fornecedores, a rede desenvolveu uma estratégia que beneficiou toda a cadeia produtiva. Antecipando datas comemorativas ou em épocas de campanhas especiais de mídia, a rede organiza um *show-room*. Além da agilidade no atendimento, são oferecidas condições diferenciadas de preços em função da economia que este tipo de contato permite. As lojas da rede conseguem um melhor tratamento e também a uniformidade nas condições de crédito. Vantagens que normalmente só são conferidos às lojas de grande porte, como, por exemplo, maior prazo para pagamento, também são alcançados pelas pequenas lojas da rede.

Geração de soluções coletivas

Parte dos problemas enfrentados por uma empresa pode ser superada pela geração e disponibilização de soluções a partir da rede em que ela se insere. Serviços como garantia ao crédito, prospecção e divulgação de oportunidades e auxílio contábil e técnico-produtivo, podem ser internalizados pelas redes a fim de superar os obstáculos à competitividade. A geração de soluções diz respeito, portanto, a todos os serviços, produtos e infra-estrutura disponibilizados pela rede para o desenvolvimento conjunto de seus associados.

Entre as soluções possíveis, as redes de cooperação podem adquirir coletivamente máquinas, aconselhar a construção de fábricas ou de pontos de venda, aprimorar os processos de produção e elaborar planos de investimento. Podem, além disso, suprir as necessidades de capacitação dos seus associados oferecendo-lhes treinamento e consultoria, pois estão mais bem preparadas para identificar fragilidades comuns e encontrar os profissionais mais qualificados. Por fim, as redes de cooperação podem desenvolver sistemas de informação e comunicação para a disseminação eletrônica de soluções entre os associados. As soluções de tecnologia de informação visam tornar mais rápido os processos de negociação coletiva e viabilizar reuniões virtuais entre os associados.

---

[1] Disponível em: <www.redemundi.com.br>.

Um bom exemplo é a Redefort,[2] que conta hoje com mais de 170 pequenos mercados distribuídos em todo o Rio Grande do Sul. A rede foi lançada oficialmente em novembro de 2001 e, desde então, se esforça para oferecer diferentes serviços aos associados. O trabalho em rede favoreceu o acesso direto a alguns fornecedores, possibilitando a criação de uma linha própria de produtos com a marca da rede. Outro foco é a informatização dos mercados com a aquisição de um software que centraliza os dados sobre pedidos, facilitando o acompanhamento das negociações com as indústrias.

A par de todos esses benefícios, as soluções geradas pelas redes também têm a função de criar vantagens dificilmente imitáveis pelos concorrentes. Uma delas é o desenvolvimento de um conceito associado à imagem da rede. A construção desse conceito, referência de sua peculiar singularidade, constitui uma típica vantagem fundamentada na cooperação, visto que a rede assume as funções de aglutinar e organizar os interesses, definir e certificar os padrões mínimos de qualidade, além de institucionalizar e promover campanhas de divulgação da marca, valendo-se do apoio do conjunto de seus associados nos mercados em que atuam.

As soluções disponibilizadas pelas redes assumem ainda a forma de infraestrutura e apoio às ações de maior amplitude, facilitando o acesso a novos mercados e às exportações. Como qualquer organização, a rede depende de uma infraestrutura básica para desenvolver suas atividades. Recursos físicos, humanos, financeiros e de comunicação são fundamentais para a viabilização de uma rede. No entanto, ao contrário das demais formas organizacionais, nas redes de cooperação a construção e a manutenção dessa infra-estrutura são realizadas conjuntamente, a partir das contribuições de cada participante. Essa infra-estrutura coletiva materializa o envolvimento das empresas, fortalecendo seus vínculos e ligando-as mais estreitamente à rede.

Redução de custos e riscos

O contínuo e acelerado crescimento da complexidade no contexto dos negócios – seja pelas rápidas mudanças tecnológicas, seja pelas constantes transformações socioeconômicas – torna muito mais arriscado o empreendimento de atividades produtivas. Como a maior parte dessas atividades, sobretudo em setores dinâmicos, envolve riscos elevados e em permanente ascensão, elas resultam muitas vezes impraticáveis para uma empresa atuando de forma individual.

---

[2] Disponível em: <www.redefort.com.br>.

Embora não seja possível eliminá-los por completo, a formação de redes de cooperação reduz a incidência de custos e riscos nas empresas associadas. Por conseguinte, a redução desses dois fatores é um dos principais motivadores da cooperação em rede. E os ganhos que eles proporcionam referem-se às vantagens de dividir entre os associados os custos e os riscos de determinadas ações e investimentos comuns. Entre outros motivos, os ganhos ocorrem porque uma empresa que participa de uma rede de cooperação é capaz de captar as fontes de eficiência das demais empresas associadas, benefício que os competidores externos não podem obter.

O compartilhamento da experiência técnica dos parceiros sobre o processo de produção ou de vendas, por exemplo, pode elevar a produtividade de ambos. O mesmo se verifica com a troca de informações sobre fornecedores, clientes e prestadores de serviços, as quais podem orientar os gestores a escolher opções menos onerosas. Além disso, a rede auxilia no empreendimento de ações conjuntas, permitindo a redução geral de custos como de produção, informação e resolução de conflitos entre os associados.

Nas redes, o risco é reduzido ao compartilhar a experiência individual de cada associado em relação aos fornecedores, clientes e prestadores de serviços. As informações obtidas permitem orientar os gestores a escolherem opções menos onerosas. Ações que normalmente incorrem em custos e riscos elevados, como as de construção e divulgação de uma marca, são compartilhadas entre os participantes. O caso da Redemac,[3] é exemplar neste sentido. A rede de varejistas de materiais de construção foi fundada em novembro de 2001 e conta atualmente com mais de 70 lojas no Rio Grande do Sul. Levantamentos de opinião pública mostraram que marca da rede é fortemente lembrada pelo consumidor gaúcho das diferentes classes sociais. Isto foi um dos frutos das suas soluções coletivas. O arriscado investimento em mídia, com o patrocínio de programas de rádio e televisão, por exemplo, é compartilhado entre todos. Soma-se a isso o esforço coletivo para adequação das fachadas, identificação dos veículos e padronização das ações de *marketing*, que demonstram a preocupação dos associados em capitalizar ainda mais o investimento em mídia.

Outra maneira de alcançar os ganhos de redução de custos e riscos nas redes de cooperação está nas ações de complementaridade (RICHARDSON, 1972). A complementaridade viabiliza a criação de redes desenhadas para lidar com situações complexas. Em outras palavras, as redes facilitam o amadurecimento de relações que possibilitam acessar recursos inexistentes na empresa e, em alguns casos, também a combiná-los com os recursos disponíveis na rede. Nesses relacionamentos, mais e melhores recursos

---

[3] Disponível em: <www.redemac.com.br>.

tornam-se disponíveis para melhorar o desempenho dos associados. Como os custos para a geração de recursos na empresa são elevados, e ainda maiores se adquiridos externamente, a complementaridade em rede surge como alternativa.

Acúmulo de capital social

O capital social – modernamente definido como o conjunto de características de uma organização humana que englobam as relações entre os indivíduos, as normas de comportamento cívico, as obrigações mútuas e a credibilidade recíproca – torna possível o empreendimento de ações colaborativas complexas. Em face dessas características, a formação de uma rede de cooperação será influenciada pelo grau com que as pessoas de uma comunidade empresarial compartilham normas e valores e são capazes de subordinar os interesses individuais aos coletivos. Pode-se, pois, compreender o capital social como um potencializador da capacidade individual e coletiva mediante práticas colaborativas. A exemplo das outras formas de capital, o capital social é igualmente produtivo, viabilizando a realização de objetivos que seriam inalcançáveis sem a sua existência (COLEMAN, 1990).

Uma rede de cooperação pode fazer uso de fontes de capital social preexistentes entre o grupo de empresas envolvidas. Todavia, se o nível de capital social entre essas empresas for baixo, a rede poderá gerar as condições necessárias para desenvolvê-lo. É sabido que fortes laços de relacionamento tendem a proporcionar um amplo estoque de capital social, tornando um grupo de agentes mais produtivo e eficiente nas atividades que desempenha. Em vista disso, um dos ganhos competitivos das redes de cooperação é a sua capacidade de gerar, em seu interior, as condições necessárias para o acúmulo de capital social.

Para o pesquisador Perrow (1992), a organização sob a forma de rede de cooperação apresenta uma série de vantagens para o desenvolvimento interno de capital social, por diversas razões. Primeiro, por possibilitar constantes experiências de auxílio mútuo. Segundo, por abrir espaço aos contatos pessoais entre os empresários. Terceiro, por apresentar pequenas diferenças entre as empresas envolvidas no que diz respeito a tamanho e poder. Quarto, por distribuir mais equanimemente os resultados dos esforços empreendidos por todos. Quinto, por permitir a discussão franca e aberta dos problemas e das oportunidades que envolvem ou que acabarão envolvendo os negócios dos participantes.

Pode-se então afirmar que, nas redes de cooperação, os ganhos relacionados ao acúmulo de capital social se devem ao aprofundamento das relações entre os indivíduos, ao crescimento do sentimento de pertencer ao grupo e à evolução das relações do grupo para além daquelas puramente econômicas. Em decorrência disso, surge como benefício paralelo a limitação do oportunismo.

Assim como existem diversas razões para as empresas cooperarem, há também incentivos significativos para o empreendimento de ações oportunistas por parte dos envolvidos. Na literatura econômica, de um modo geral, as diferentes práticas oportunistas são combatidas por meio de salvaguardas contratuais ou do controle burocrático instituído pelas estruturas hierarquizadas (WILLIAMSON, 1985). Contudo, os elevados custos e a reduzida eficiência desses expedientes invariavelmente transformam o que seria uma solução em novos problemas. Como defendem alguns autores (GHOSHAL; MORAN, 1996), o oportunismo pode converter-se numa profecia auto-realizável, em que o comportamento oportunista cresce com as próprias sanções impostas para restringi-lo, criando a necessidade de sanções e incentivos ainda mais fortes e elaborados.

O capital social gerado em rede constitui uma alternativa viável para reduzir as ações oportunistas nos relacionamentos entre empresas, chegando, em alguns casos, a eliminá-las quase por completo. Para tanto, dois fatores se mostram decisivos. Em primeiro lugar, as relações desenvolvidas em rede abreviam o oportunismo por meio de suas salvaguardas, geradoras de pressões sociais em prol da manutenção dos relacionamentos, visto que uma reputação positiva demanda tempo para ser formada, mas pode ser rapidamente destruída por atos oportunistas. Por tal motivo, os envolvidos observam as regras de reciprocidade e evitam incorrer em ações dessa natureza, pois são socialmente contidos pelos demais integrantes da rede, com os quais precisam manter um relacionamento duradouro.

O segundo fator decisivo para a redução do oportunismo nas redes está relacionado com a própria geração dos ganhos competitivos. A gama de vantagens proporcionada pelas redes é disponibilizada somente a seus associados. Para continuar obtendo esses benefícios exclusivos, eles não podem abrir mão de participar da rede. O elevado risco de perdê-los os impede, pois, de recorrer a práticas oportunistas para a obtenção de ganhos individuais. Como um ato oportunista pode implicar sua exclusão da rede de cooperação, os associados irão muito bem discernir antes de assumir tamanho risco. Logo, pode-se concluir que, para as empresas participantes de redes de cooperação, o comportamento oportunista implica custos onerosos e riscos elevados, razão pela qual tem menos probabilidade de ocorrer.

Além dos ganhos relacionados à escala e ao poder de mercado, à geração de soluções, à redução de custos e riscos e ao acúmulo de capital social, há dois outros ganhos competitivos que podem ser proporcionados às empresas associadas: a aprendizagem coletiva e a inovação colaborativa. Por sua importância para a competitividade das redes, optamos por aprofundar seus elementos separadamente. Assim, os dois capítulos seguintes serão dedicados à melhor compreensão da dinâmica da aprendizagem coletiva e dos processos de inovação no contexto das redes de cooperação.

9
Conhecimento e aprendizagem coletiva

A sociedade em rede possui como principal fator de produtividade e competitividade a capacidade de indivíduos e organizações de gerar, processar e transformar informações e conhecimentos em ativos econômicos. A habilidade de criar e utilizar conhecimento é uma importante fonte de sustentação de vantagens competitivas, sendo hoje considerada um dos principais recursos das empresas. Assim, a questão central que desafia acadêmicos e executivos é como deixar as organizações em condições de gerar e utilizar esse recurso.

Grande parte da literatura ocidental sobre o tema tem empreendido sérios esforços no sentido de "estocar" e "gerenciar" o conhecimento, a partir de uma série de dispositivos e aparatos tecnológicos. No entanto, esses esforços serviram tão-somente para acumular uma gigantesca massa de dados e informações, rapidamente obsoletos e de pouco valor estratégico para as empresas. Uma abordagem alternativa à visão tecnicista e pragmática da "gestão do conhecimento" enfatiza que o verdadeiro diferencial estratégico da organização está muito mais em seu potencial de criar novos conhecimentos do que na tentativa de gerenciá-los. Essa abordagem contempla a natureza tácita, complexa, interdependente e contextual do conhecimento, que é criado pela constante interação entre indivíduos, grupos e organizações.

Este capítulo busca contextualizar o processo coletivo de criação de conhecimento e aprendizagem, apresentando, para tanto, uma abordagem mais abrangente do conhecimento organizacional, deslocando-se de um processo fundado no "estoque" e no "controle" para outro baseado no "fluxo" e na "interação".

Não ignorando a importância das redes na dinâmica de criação desses ganhos competitivos, decidimos, para facilitar a compreensão, primeiro elucidar as características do conhecimento organizacional e só então chegar à ideia central: o papel das redes de cooperação no processo de criação de conhecimento e aprendizagem coletiva.

Conhecimento organizacional

Diferentemente dos recursos econômicos tradicionais, o conhecimento, em razão de seu caráter tácito, tem imposto dificuldades ao pragmatismo do gerenciamento tradicional. Influenciada por esse imperativo, a literatura ocidental acabou por simplificar demasiadamente a natureza do conhecimento organizacional, privilegiando seu aspecto explícito e individual em detrimento do tácito e social. Com efeito, boa parte da literatura gerencial toma o conhecimento como um objeto exterior ao indivíduo, capaz de ser estocado, manipulado e transferido por meio de tecnologias de informação e comunicação (TIC). Os princípios dessa visão gerencialista, que Schultze e Leidner (2002) denominam abordagem normativa, pressupõem uma complexa engenharia de captação, estocagem, manipulação e controle do conhecimento organizacional.

Em contrapartida, uma segunda corrente da literatura, conhecida como abordagem interpretativa, considera que o conhecimento está arraigado nas práticas organizacionais. Seus autores não o estudam diretamente como objeto ou bem, mas trabalham seu papel na transformação organizacional. Enquanto na abordagem normativa o foco está na solução de problemas mediante repositórios (sistemas e *database*) de conhecimento, na abordagem interpretativa ele recai sobre o processo e as práticas de trabalho, realçando-se o princípio do conhecimento socialmente construído pela interação entre os indivíduos. Enquanto a primeira difunde a noção do conhecimento como regras generalizáveis, a segunda defende sua natureza dinâmica e situacional (SCHULTZE; LEIDNER, 2002).

No Quadro 9.1, com base em Balestrin, Vargas e Fayard (2008) e Balestrin e Verschoore (2010), apresentamos algumas das principais diferenças entre a abordagem normativa (gestão de conhecimento) e a abordagem interpretativa (criação de conhecimento), diferenças essas substanciais para entender a potencial contribuição das redes na dinâmica de aprendizagem coletiva.

Uma das possíveis conclusões do Quadro 9.1 é que as abordagens interpretativa e normativa constituem extremos de um contínuo e, portanto, coexistem no contexto das organizações. Deve-se destacar, contudo, que na abordagem interpretativa a compreensão sobre o conhecimento orga-

QUADRO 9.1 Abordagens normativa e interpretativa do conhecimento

Abordagem normativa	Abordagem interpretativa
Estuda o conhecimento como um objeto ou bem.	Estuda o processo de construção do conhecimento e da aprendizagem.
O conhecimento pode ser controlado e gerenciado.	O conhecimento está arraigado nas práticas organizacionais e dificilmente pode ser gerenciado.
O conhecimento pode ser manipulado, estocado e comunicado por meio de TICs.	As TICs apresentam limitações no que se refere à sistematização do conhecimento tácito.
O conhecimento é externo e separável do indivíduo.	O conhecimento é inseparável do indivíduo e socialmente construído.
O conhecimento apresenta-se como regras e procedimentos generalizáveis.	O conhecimento apresenta características situacionais e dinâmicas.
As TICs facilitam o aprendizado.	As TICs podem facilitar ou inibir o aprendizado.
O conhecimento pode ser separado da ação.	O conhecimento é inseparável da ação, sendo tanto *input* quanto *output* da ação.

nizacional é mais ampla, mais próxima da realidade das organizações e da perspectiva da aprendizagem coletiva própria das redes de cooperação.

Criação de conhecimento organizacional

Partindo de estudos desenvolvidos por Polanyi (1966), os autores Nonaka e Takeuchi (1997) sustentam a tese de que o conhecimento de elevado valor para a organização é tácito (fortemente relacionado à ação, aos procedimentos, às rotinas, às ideias, aos valores e às emoções), dinâmico (criado a partir de interações sociais entre indivíduos, grupos e organizações) e humanista (essencialmente relacionado à ação humana). Por essa razão, um dos principais diferenciais de uma empresa é sua capacidade de criar continuamente novos conhecimentos, em vez de estocá-los como uma particular tecnologia de que dispõe em determinado momento.

O processo pelo qual as organizações constroem conhecimento foi denominado pelos referidos autores de conversão de conhecimento. Por meio dele, os conhecimentos tácito e explícito são expandidos qualitativa e quantitativamente por socialização, externalização, combinação e internalização (SECI). No entanto, o conhecimento não existe apenas na cognição dos indivíduos. Para que seu processo de criação ocorra nas organizações, é necessário um contexto específico de tempo, espaço e relacionamento entre indivíduos. As proposições de Nonaka e Takeuchi (1997) trazem ao debate a relevância do espaço para a criação do conhecimento, ou seja, da estrutura organizacional como um todo – um espaço que favoreça a formação de uma efetiva plataforma de criação de conhecimento dentro das organizações.

Nonaka, Toyama e Konno (2002) referem-se a esse aspecto contextual de criação de conhecimento pelo conceito de ba[1] (espaços de interação), assim denominando as situações ou momentos que facilitam a geração, a difusão e a utilização de conhecimento. Observa-se que esses espaços de interação podem surgir entre indivíduos, grupos de trabalho, círculos informais, reuniões temporárias, espaços virtuais e demais circunstâncias em que as relações ocorrem em tempo e espaço compartilhados. Para Nonaka, Von Krogh e Voelpel (2006), os espaços de interação apresentam a qualidade do aqui e agora, podendo ser instantaneamente criados e rapidamente desfeitos em uma organização.

Vale destacar, porém, que esses espaços não se restringem às fronteiras de uma determinada organização. Em pesquisa realizada junto a uma rede de pequenas e médias empresas, Balestrin, Vargas e Fayard (2008) observaram que a interação social proporcionada pela configuração em rede influenciou positivamente a dinâmica de criação de conhecimento. As evidências apontadas pelos autores mostram que o processo de criação de conhecimento nessas PMEs passou de interno e individual a externo e coletivo, apliando consideravelmente a capacidade absortiva das empresas associadas.

O papel das redes na capacidade absortiva das empresas associadas

Dentro da perspectiva de criação de conhecimento e aprendizagem organizacional, uma abordagem que tem sido aprofundada envolve o tema de capacidade absortiva (LANE; LUBATKIN, 1998; LANE; KOKA; PATHAK, 2006), ou seja, a capacidade de uma organização de adquirir, assimilar e aplicar o conhecimento de fontes externas para gerar melhor desempenho competitivo. Assim, a literatura destaca que as organizações que são capazes de adquirir, assimilar e aplicar o conhecimento de fontes externas apresentam maiores chances de alcançar ganhos de competitividade.

Para autores como Müller-Seitz e Güttel (2013) os relacionamentos colaborativos e em rede fortalecem a capacidade absortiva de uma organização. A fim de melhorar essa capacidade, uma organização pode estabelecer

---

[1] ba. O conceito de ba será traduzido aqui pela expressão "espaços de interação", por representar melhor seu significado no idioma português. Originalmente, ba representa um ideograma japonês que significa um espaço físico (como o espaço de uma sala de reunião), virtual (como o e-mail e outras TICs) ou mental (como ideias e modelos mentais compartilhados) a partir do qual o conhecimento é criado, comunicado e utilizado.

vínculos com outras organizações para, assim, expandir sua base de conhecimento e também enriquecer a qualificação e a experiência de seus colaboradores. Como resultado, as capacidades absortivas individuais são alavancadas no todo e a capacidade absortiva da organização é ampliada (COHEN; LEVINTHAL, 1990). Desta forma, ao participar de uma rede de cooperação a empresa está fortalecendo sua capacidade de absorver novos conhecimentos, tanto pela relacionamento direto com os novos parceiros, como também pela necessidade que a empresa terá de se qualificar internamente para aproveitar as oportunidades proporcionadas pela rede.

Também o relacionamento da rede com os demais atores, tais como instituições acadêmicas, empresas de suporte técnico e consultorias, são capazes de incrementar a capacidade absortiva tanto da rede como das empresas associadas. Em seu estudo, Vinding (2006) diferencia os atores externos, como clientes e fornecedores, de um lado, e instituições de ensino e pesquisa, de outro. Seu estudo, conduzido com 1.544 empresas dinamarquesas, revelou que relações próximas com esses dois tipos de atores constituem um fator positivamente correlacionado com a habilidade de uma organização em criar conhecimento e inovar.

Já o estudo sobre os fluxos de conhecimento na indústria de semicondutores, realizado por Lim (2009), aponta a importância dos vínculos externos para o desenvolvimento da capacidade organizacional. Esses vínculos podem ser estabelecidos com a comunidade de cientistas ou com empresas detentoras de tecnologia já desenvolvida e aplicada a produtos e processos. Assim, observa-se que as redes de cooperação fortalecem a capacidade absortiva, que é um dos principais componentes da aprendizagem contínua de uma organização.

As redes de cooperação como um contexto de aprendizagem coletiva

As múltiplas evidências relativas à capacidade absortiva e ao processo de criação de conhecimento organizacional estimulam o debate sobre a influência exercida pela estrutura organizacional, incluindo a organização física e os processos de trabalho, sobre a capacidade da empresa de criar novos conhecimentos. Um estudo sobre essa problemática foi desenvolvido por Birkinshaw, Nobel e Ridderstråle (2002), que em pesquisa com 110 gerentes de unidades de pesquisa e desenvolvimento (P&D) observaram a existência de uma forte associação entre as dimensões do conhecimento e a estrutura organizacional. Para esses autores, a organização necessita adaptar sua estrutura a fim de facilitar o processo de criação de conhecimentos. Isto é, para facilitar o processo de socialização do conhecimento tácito (geralmente complexo e sistêmico), a estrutura organizacional deverá, por exemplo, promover uma intensa interação presencial entre os indivíduos e entre estes e seu contexto.

Alguns casos encontrados na literatura apontam a contribuição das redes de cooperação para o processo de construção coletiva do conhecimento. Entre eles destaca-se a pesquisa feita por Powell (1998), que detalha o processo de aprendizagem coletiva entre as empresas da indústria de biotecnologia.

A possibilidade de uma organização ampliar seus conhecimentos a partir da interação com outras organizações já havia sido evidenciada por Nonaka e Takeuchi (1997). Para esses autores, o conhecimento nasce em um nível individual, sendo expandido pela dinâmica da interação para um nível organizacional e, posteriormente, interorganizacional, como podemos observar na Figura 9.1. Os autores salientam ainda que ele só pode ser construído por indivíduos, de modo que uma organização ou mesmo uma rede de cooperação, embora não possa criá-lo, pode proporcionar um contexto de relações positivas e construtivas entre os indivíduos e entre estes e seu ambiente. Assim, compartilhar com outras empresas informações, opiniões, colaboração e mobilização sobre determinado projeto, confrontando competências e saberes, proporciona efetivas condições para ampliar o conhecimento inicialmente criado em uma dada organização.

Analisando a Figura 9.1, nota-se que o conhecimento interorganizacional, aquele criado pela interação entre as organizações, constitui uma

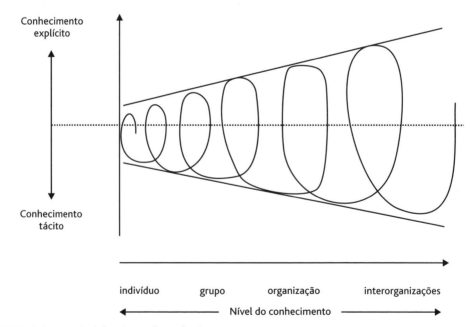

FIGURA 9.1 Espiral de criação do conhecimento.
Fonte: Adaptada de Nonaka e Takeuchi (1997).

das dimensões mais amplas da geração de conhecimento. Esse processo inicia-se no nível individual e, mediante a interação entre os conhecimentos tácito e explícito, entre indivíduos, grupos e organizações, passa a um nível de conhecimento mais completo, profundo e significativo. Para que seja efetivo, faz-se necessário um ambiente de sinergia e estímulo no qual as experiências, os sentimentos e as imagens mentais sejam compartilhados. Em vista disso, dificilmente ele poderá ser produzido pelo modelo tradicional hierárquico de comando e controle adotado pela grande empresa burocrática.

São as redes de cooperação que podem proporcionar um ambiente favorável à efetiva interação entre pessoas, grupos e organizações. Sua dinâmica de comunicação constitui uma verdadeira comunidade estratégica de conhecimento (FAYARD,2006), um espaço onde não só o conhecimento, mas as práticas, os valores, os processos, a cultura e as diferenças individuais são compartilhados coletivamente em favor de um projeto comum. Assim, as redes de cooperação representam o lugar onde os processos de aprendizado e sedimentação do conhecimento tomam forma.

A complementaridade poderá ocorrer pela proximidade de competências, habilidades e demais recursos intangíveis, acessados diretamente em atividades de cooperação ou indiretamente pela informalidade e sinergia do "efeito rede" entre as empresas. Um outro caso de rede formada pelo Programa Redes de Cooperação corrobora as teorizações sobre a aprendizagem coletiva apresentadas neste capítulo, como podemos constatar no Box 9.1. Ao avaliar os diferentes espaços de interação da Redlar, observa-se um contexto de forte comunicação entre os empresários. Essa interação, que ocorre principalmente de maneira informal e face a face, fornece uma valiosa base para a criação de conhecimento.

BOX 9.1
A REDE DE TRANSFERÊNCIA DE CONHECIMENTO E APRENDIZAGEM DA REDLAR

A RedLar atua desde 2005 no segmento do varejo de móveis. Criada a partir do Programa Redes de Cooperação, a RedLar conta com 28 empresas associadas. Alguns dos associados possuem mais de uma loja, o que representa um total de 51 lojas em 36 cidades do Rio Grande do Sul. A gestão das lojas é, em sua maioria, familiar e algumas delas estão hoje em processo de sucessão, com filhos e filhas assumindo o negócio. A gestão da rede, por sua vez, é feita pela entidade administrativa, denominada de Sede, e por uma diretoria formada por associados eleitos por seus pares para um período de dois anos. O presidente da rede é um associado que, além das atividades de gerenciamento de sua loja, também atua na condução dos trabalhos da rede.

Os funcionários da Sede em conjunto com o consultor da rede atuam no apoio à gestão da rede, além do atendimento às demandas operacionais dos associados.

A aprendizagem e a transferência de conhecimentos em um contexto de redes de cooperação são entendidos como um dos resultados possíveis às empresas e empreendedores em função de sua participação nessas redes. Uma vez formada uma nova rede formal cria-se, também, uma teia de relacionamentos em que os indivíduos interagem em nome de suas empresas. Assim, ao fazer parte de uma rede de cooperação, os empreendedores podem compartilhar experiências e conhecimentos e aprender em espaços de interação social, como as equipes de trabalho, diretoria, conselho de administração e assembleia.

Na RedLar, os associados reúnem-se semanalmente com o consultor da rede e com os funcionários da Sede. As equipes e trabalho funcionam como fóruns para a troca de experiências e conhecimentos e para a criação de estratégias nas áreas de negociação com fornecedores, expansão da rede, marketing, capacitação de colaboradores e apoio operacional aos associados. Essas atividades são desenvolvidas por cinco equipes: expansão, inovação, negociação, marketing e ponto de venda. Os associados são divididos entre as equipes, e há a possibilidade de rotatividade a cada mudança de diretoria visando à participação dos associados nas diversas equipes. As principais atribuições de cada uma dessas equipes são apresentadas no quadro a seguir.

Equipe	Principais atribuições
Expansão	Prospecção de potenciais associados, estudos de viabilidade e capacidade de instalação de lojas.
Inovação	Promoção de treinamentos e de capacitações dos colaboradores da rede.
Marketing	Ações de divulgação da rede nas mídias, contato com agências de comunicação, apoio a campanhas promocionais da rede como um todo e de ações individuais das lojas.
Negociação	Busca de parcerias com fornecedores de produtos e de serviços, negociações de tabelas de preços, definições de mix de produtos para a rede.
Ponto de venda	Apoio operacional às lojas, como o monitoramento de indicadores e de práticas de exposição e venda de produtos.

A diretoria é outro fórum de que participam os associados eleitos. Além de atuar na gestão da rede, ela tem o papel de representá-la legalmente. Os associados reúnem-se mensalmente para a assembleia geral, quando votam as propostas desenvolvidas nas equipes de trabalho. O conselho de administração é outra instância de participação em que o consultor da rede e representantes das equipes, eleitos no processo de formação da diretoria, participam de encontros em que são expostas decisões e práticas definidas a partir dos trabalhos de suas equipes. Além desses encontros formais, há a participação frequente de associados e funcionários em feiras e seminários locais e nacionais, além de visitas a fornecedores.

Em 2015, por exemplo, dez empresários da Redlar embarcaram para a cidade de Arapongas, no Paraná, para participar de uma das maiores feiras industriais do setor moveleiro do Brasil, a Movelpar. Considerando que a indústria moveleira renova suas linhas a cada semestre, a participação nas feiras ajuda os empreendedores a manter o mix de produtos atualizado, garantindo um ponto de venda competitivo. Para o empresário José Claudio Prates, que possui duas lojas na cidade de Sapucaia do Sul e uma em Esteio, na região metropolitana de Porto Alegre, era a quarta Movelpar: "Tenho uma expectativa diferente, principalmente, porque busco identificar inovações capazes de serem diferenciais entre os produtos que vendo", anima-se.

A partir desses espaços de interação, os participantes da Redlar compartilham experiências, informações e conhecimentos entre si. Essa constante interação conduz à formação de redes sociais, caracterizadas por padrões de relacionamentos informais. Nessa redes sociais, o conhecimento pode ser compartilhado entre os laços que as compõem. Em uma rede de cooperação como a Redlar, e considerando os espaços de interação apresentados, observam-se possibilidades de transferências de conhecimentos: i) entre associados, consultor e funcionários da Sede; ii) entre associados e funcionários das lojas; ii) entre funcionários da Sede e das lojas; iv) entre associados, consultor, funcionários e atores externos, como fornecedores. Ao examinar a rede social formada pelos associados e funcionários da Sede, observa-se que um dos resultados desse processo de compartilhamento é a aquisição de conhecimentos por parte dos associados quanto a novas práticas (gerenciais ou de mercado) ou de formas de melhorá-las, além de informações para fundamentar suas decisões gerenciais e operacionais.

Em relação aos tipos de conhecimentos compartilhados nas equipes de trabalho e assembleias da Redlar, observa-se um predomínio do conhecimento de mercado, seguido pelo conhecimento gerencial. Por conhecimento de mercado, entende-se o relacionado a clientes, fornecedores, produtos e concorrentes. Dessa subdivisão, destaca-se o conhecimento relativo a fornecedores e produtos, o que decorre de uma das finalidades da criação da rede: a negociação coletiva. Em função do segmento de atuação da rede ser o varejista, o compartilhamento de conhecimento tecnológico é raro. O processo de transferência de conhecimentos em uma rede de cooperação, como a RedLar, ainda é bastante centrada no ator, seja o associado, consultor ou o funcionário da Sede. Nesse sentido, há um predomínio de conhecimento tácito, que se caracteriza como pessoal e difícil de ser formalizado, pois é criado a partir de experiências dos indivíduos e compartilhado através da interação social. Portanto, os espaços de interação, como as equipes e assembleias, constituem-se em fóruns importantes e imprescindíveis para a transferência de conhecimentos em redes de cooperação.

Fonte: Adaptado de Brand (2016) e Portal Moveleiro (2015).

Cabe igualmente destacar que o efeito rede na ampliação do conhecimento reforça algumas evidências já apontadas na literatura. Por exemplo, Richardson (1972) argumenta que a colaboração em uma rede facilita a reunião complementar de habilidades de diferentes empresas. Paralelamente, Ahuja (2000) demonstra que as relações diretas entre os atores em uma rede afetam positivamente o resultado da inovação, tema que será aprofundado no próximo capítulo.

10
Inovação colaborativa

As estratégias que as empresas adotam para promover inovações tecnológicas de produtos e serviços vêm mudando significativamente nos últimos anos. Um dos elementos de notável evolução diz respeito à maneira como as empresas conduzem a etapa de pesquisa e desenvolvimento (P&D) de novos produtos, serviços, processos e modelos de negócios. Ao estudar o processo de inovação, autores como Dodgson, Gann e Salter (2006) salientam que, durante muito tempo, ele foi desenvolvido com foco demasiado nos recursos internos, havendo pouca interação e baixo acesso ao conhecimento externo. Conforme destaca Rothwell (1995), os primeiros estágios do processo de inovação tecnológica, alcançados até a década de 1980, foram realizados de maneira eminentemente interna à empresa para gerar o conhecimento, desenvolver o produto e comercializá-lo no mercado.

Outros autores, como Powell, Koput e Smith-Doerr (1996) destacam a crescente complexidade tecnológica no desenvolvimento de novos produtos, o que vem demandando das empresas a busca de conhecimentos externos por meio de relacionamentos colaborativos com outros agentes. Chesbrough (2003a, 2003b) denominou essa mudança de perspectiva de "inovação aberta" em alternativa ao modelo dominante de "inovação fechada". Para o autor, a abertura do modelo fechado de inovação é imperativa, sobretudo pelo aumento da velocidade de lançamento de novos produtos, ocasionado pela crescente redução dos seus ciclos de vida. Ao abrir-se para o ambiente externo, a empresa poderá acessar relevantes conhecimentos para o processo de inovação, especialmente dos consumidores, conforme evidenciado nos trabalhos de Von Hippel (2005) sobre inovação democrática, de Enkel, Gassmann e Chesbrough (2009) sobre cocriação de valor, de Berthon et al. (2007) sobre consumidores criativos e de Poetz e Schreier (2012) sobre colaboração em massa.

Este capítulo tem por finalidade facilitar a compreensão da dinâmica da inovação colaborativa no contexto das redes. Sua ideia central sustenta que a inovação passou de um processo endógeno à empresa e linear ao investimento em P&D (característico da década de 1960) para um processo mais exógeno à empresa – beneficiado pelas interações com uma ampla variedade de parceiros, chegando aos conceitos atuais de inovação aberta e colaborativa, que promovem uma mudança radical na forma de gerar inovação organizacional, social ou tecnológica. Para uma melhor compreensão desse tema, iniciamos com uma conceituação geral sobre inovação e, a seguir, apresentamos a dimensão da inovação no contexto das redes.

A inovação no contexto das organizações

Foi Schumpeter (1934), em 1912, quem deu à inovação um lugar de destaque na teoria do desenvolvimento econômico. É sob o impacto das inovações tecnológicas que ele focaliza o processo de desenvolvimento econômico nas economias capitalistas. Tais inovações abrangem: a) a introdução de um novo bem ou de uma nova qualidade de determinado bem; b) a introdução de um novo método de produção; c) a abertura de um novo mercado para uma indústria; d) a utilização de uma nova fonte de matéria-prima ou produto semi-acabado; e e) o estabelecimento de uma nova organização em determinada indústria. Dosi (1988), retomando o conceito de Schumpeter, refere-se à inovação como um resultado da pesquisa, da descoberta, da experimentação, do desenvolvimento, da imitação e da adoção de novos produtos, novos processos de produção e novas formas de organização. De acordo com esses conceitos, observa-se um amplo escopo de possibilidades (produto, processo, gestão e mercado) dentro do qual o empresário pode inovar.

Quanto à intensidade da mudança que provoca, a inovação tem sido usualmente classificada como incremental ou radical (FREEMAN; PEREZ, 1988). A inovação incremental refere-se à inovação linear, em que um conceito básico é reforçado por melhorias contínuas; ou seja, busca-se o aperfeiçoamento de algo que já existe. Tais inovações ocorrem de maneira cotidiana, tanto na indústria quanto nos serviços, resultando de qualquer pesquisa deliberada de desenvolvimento e partindo de iniciativas de engenheiros, de outros profissionais e até mesmo de usuários. Já a inovação radical, ou diruptiva, é entendida como uma inovação que extrapola qualquer conceito inicial, causando uma ruptura com as práticas dominantes. Geralmente, essa dimensão de inovação tem como base as pesquisas específicas e deliberadas em laboratórios de P&D, em universidades e demais instituições de pesquisa.

Hamel (2000) agrega à classificação anterior a dimensão componente (relacionada ao produto) e a dimensão sistêmica (relacionada ao negócio), apresentando uma tipologia com quatro modos de inovação (conforme a Figura 10.1): a) melhoria contínua – corresponde a uma inovação incremental em certo componente ou produto; b) melhoria contínua de processos de negócios – corresponde a uma inovação incremental que ocorre no processo de negócios de determinada organização; c) inovação não linear – corresponde a uma mudança radical em um componente, ou seja, à fabricação de um produto que até então não existia; d) inovação de conceitos de negócio – consiste em transformar radical e sistemicamente todo o conceito de um negócio.

Os resultados da inovação costumam basear-se em algum subconjunto de conhecimentos publicamente disponível que é compartilhado e melhorado a partir de experiências de usuários e de pesquisas científicas. DeBresson (1997) argumenta que o desenvolvimento tecnológico avança pela complementaridade de dois tipos de conhecimento: a) o conhecimento técnico ou produtivo – geralmente específico e comunicado por meio de técnicas, práticas e regras preestabelecidas, ele advém de experiências e habilidades específicas (*know-how*); e b) o conhecimento científico – geralmente mais universal, ele emerge dos conhecimentos científicos previamente acumulados, bem como das experiências humanas.

Cabe salientar que a transferência desses conhecimentos necessários à inovação não constitui um processo simples, unidirecional, que ocorre em

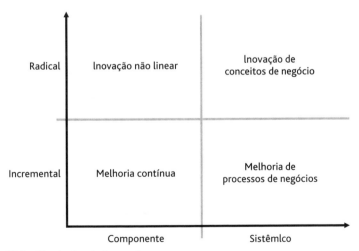

FIGURA 10.1 Tipologias de inovação.
Fonte: Elaborada a partir de Hamel (2000).

um determinado tempo. Ao contrário, ele é complexo e interativo, pois o fluxo de informações se dá por duas vias e é concebido como uma contínua atividade de pesquisa e pelo conhecimento da demanda dos consumidores por diferentes categorias de produtos e serviços.

A evolução do processo de inovação

Para melhor entender a relação entre a inovação e as redes, deve-se observar o que ocorreu nas últimas décadas. Segundo Rothwell (1995), nos últimos 50 anos, a percepção do modelo de inovação e das práticas inovadoras têm passado por algumas mudanças, identificadas por diferentes gerações do processo inovador, como podemos observar na Figura 10.2:

- **Primeira geração (1ªG)** – No período que vai de 1950 até a segunda metade da década de 1960, o modelo dominante de inovação era visto como empurrado pela tecnologia. A administração de P&D nas empresas era centralizada, dispunha de recursos ilimitados e mantinha pouca ligação com as unidades de negócio. Dentro desse quadro, o processo de inovação, em seu sentido mais amplo, obedecia a uma sequência linear, com ênfase em P&D, ficando o mercado como um mero receptáculo dos resultados obtidos.

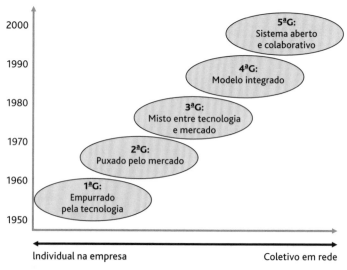

FIGURA 10.2 Evolução do processo de inovação.
Fonte: Elaborada a partir de Rothwell (1995).

- **Segunda geração (2ªG)** – Em face das pressões advindas das restrições de recursos, da popularização de tecnologias e do aumento da competitividade empresarial, a administração de P&D dentro das corporações tendeu à descentralização. O importante era atender às necessidades comerciais das unidades de negócio e atuar por meio de projetos, avaliados quantitativamente em termos de custos e benefícios. Dessa forma, durante os anos 1960, os imperativos de mercado passaram a ser vistos como uma importante fonte de ideias e de necessidades que deveriam ser captadas pelas atividades de P&D. O processo de inovação seguia, como na primeira geração, uma sequência linear, mas no sentido inverso: a ordem passou a ser determinada pelo mercado, e a P&D assumiu um papel reativo.

- **Terceira geração (3ªG)** – Nos anos 1970, as evidências apontaram a adoção de uma abordagem balanceada entre o suprimento tecnológico e as necessidades do mercado, surgindo o chamado modelo interativo de inovação entre necessidades do mercado e de P&D. O portfólio de projetos de P&D era estabelecido e as prioridades eram dadas em função dos objetivos estratégicos da corporação. Tais projetos de P&D realizavam-se em parceria com as unidades de negócio, visavam a um caráter multidisciplinar e contribuíam para identificar oportunidades tecnológicas em negócios atuais e/ou futuros. Nessa situação, o correspondente processo de inovação, embora ainda sequencial, passava a dispor de mecanismos de retroalimentação entre a P&D (oferta) e o mercado (demanda).

- **Quarta geração (4ªG)** – Corresponde a um processo de inovação dentro de um "modelo integrado", no qual são mantidas equipes de P&D trabalhando simultaneamente de forma integrada. Diferencia-se do anterior por estabelecer ligações com fornecedores primários bem específicos, manter colaboração horizontal (como *joint ventures* e alianças estratégicas) e atender a clientelas diferenciadas no mercado. O pressuposto de um modelo de P&D linearmente sequencial – originando-se nos avanços científicos, passando a tecnologias (oferta) e destas à produção de bens e serviços, em atendimento às necessidades de mercados consumidores (demanda) – perde seu tradicional significado para alcançar um modelo de P&D sistêmico, integrando todas as áreas funcionais da empresa.

- **Quinta geração (5ªG)** – Corresponde a um modelo de sistema aberto e colaborativo. A tendência é as equipes de P&D trabalharem integradas e realizarem ações de cooperação entre diversos agentes, tanto no sentido vertical da cadeia quanto entre empresas de um mesmo segmento. Dessa forma, o resultado da inovação passa a ser uma ação conjunta entre diversos atores internos e externos à organização, como empresas, fornecedores, além de outras instituições de caráter público ou privado.

A quinta geração do processo de inovação exige, necessariamente, interação e ações conjuntas entre empresas de uma ampla rede de cooperação. A tese de Rothwell (1995) aponta dois cenários futuros para os processos de inovação: o primeiro representado pela dominação de grandes conglomerados e pela influência de Estados nacionais; o segundo representado pelo dinamismo de pequenas empresas, como nos distritos industriais e nas redes de cooperação, em que as PMEs operam em um ambiente propício à colaboração.

Essa perspectiva afeta definitivamente a forma como ocorre o desenvolvimento de novos produtos e serviços nas organizações. Uma das formas clássicas do processo de gerão de inovações é conhecido pelo modelo *stage gate* (COOPER, 1990) ou pelo modelo funil de desenvolvimento (CLARK; WHEELWRIGHT, 1993). Ambos sustentam que o processo de inovação seja dividido em estágios (*stage*) e que, ao fim de cada um desses estágios, haja um "portão de decisões" (*gate*) para avaliar quais projetos devem ser continuados ou descontinuados. No entanto, a inovação não é gerada somente por recursos que uma empresa é capaz de desenvolver internamente, mas também por recursos e capacidades de organizações externas, que a empresa pode acessar por meio de alianças e de acordos de cooperação.

Estudos de Van der Meer (2007), identificam que, na fase inicial de desenvolvimento do conceito do produto, as empresas acessam principalmente ideias por meio de conferências, feiras, contatos com fornecedores, clientes e relações com universidades e institutos de pesquisa. Na fase de desenvolvimento, a empresa realiza licenciamento de patentes e estabelece parcerias de desenvolvimento em conjunto. Desta forma, o processo de desenvolvimento de produtos, serviços ou qualquer outra inovação organizacional, se vale de uma ampla teia de relações externas, entre elas: a) fornecedores – auxiliam na criação de novos produtos que demandam tecnologias complexas, apresentando um forte impacto nos resultados de inovação; b) instituições de ciência e tecnologia (ICTs) – facilitam o acesso a novas pesquisas e a pesquisadores, fontes valiosas para auxiliar na solução de problemas e na geração de inovações; c) consumidores – contribuem para a redução de riscos de fracasso de um novo produto no mercado, constituindo-se em uma das principais fontes de ideias novas para o processo de P&D; d) competidores – promovem ganhos de escala em pesquisas básicas conjuntas, com a diminuição de custos de P&D e a combinação de competências únicas de cada empresa; e) intermediários – identificam e conectam atores com interesses comuns, para troca ou comercialização de ideias ou tecnologias desenvolvidas. O relacionamento com esse atores em uma dinâmica de rede será aprofundado na próxima seção.

A inovação no contexto das redes

As relações diretas entre os atores de uma rede afetam positivamente o resultado da inovação, por fornecer três benefícios substantivos: conhecimento compartilhado, complementaridade de competências e escala nos projetos de P&D (AHUJA, 2000). Compartilhar conhecimento é um dos primeiros benefícios amplamente reconhecidos pelas relações em rede. Assim, quando as empresas colaboram para desenvolver uma tecnologia, o conhecimento resultante estará disponível para todas as empresas parceiras. Cada parceiro poderá, então, agregar e receber potencialmente uma quantidade maior de conhecimento em relação a um mesmo investimento feito de modo individual.

Em geral, as tecnologias demandam o uso simultâneo de diferentes conjuntos de habilidades e bases de conhecimento em um processo de inovação, algo que poderia ser limitado em uma empresa individual (POWELL; KOPUT; SMITH-DOERR, 1996). No entanto, a cooperação em rede facilita a reunião de habilidades complementares de diferentes empresas (RICHARDSON, 1972), possibilitando acesso a uma maior quantidade de conhecimento para o processo de inovação. A empresa que participa de uma rede possui, portanto, melhores condições de inovar do que aquela que opera individualmente (POWELL, 1998).

A estrutura em rede funciona como um canal de comunicação em que cada empresa conectada será tanto receptora quanto transmissora de informação. O papel das redes de cooperação como mecanismo difusor de informações e facilitador da socialização de conhecimentos pode ser significativo no contexto tecnológico, pois a inovação é frequentemente resultado de uma atividade intensiva em conhecimento externo à empresa. A interconexão entre os agentes pode se dar mediante relações contratuais ou informais envolvendo a participação em uma comunidade técnica. Ambos os ambientes são propícios para a transferência dos conhecimentos necessários aos processos de inovação (POWELL, 1998). Por isso, a combinação dos recursos necessários à inovação pode ser viabilizada eficientemente com a formação de redes de cooperação, constituindo-se, assim, em um ganho competitivo apropriado pelas empresas participantes da rede (VERSCHOORE; BALESTRIN, 2008b).

As redes de cooperação possibilitam o desenvolvimento de estratégias coletivas de inovação e contam com a vantagem de permitir o rápido acesso às novas tecnologias por intermédio de seus canais de informação. Nas redes de cooperação, a flexibilidade para inovar é maior que nas grandes empresas hierárquicas, onde reina o sistema de produção taylorista (PERROW, 1992). Nas redes de cooperação, há também o benefício da aproximação entre as empresas associadas, coisa que facilita a socialização de ideias e elimina preconceitos como a "síndrome do não-inventado-aqui", em que inovações e ideias são rejeitadas por não terem sido criadas e desenvolvidas internamente (LORENZONI; BADEN-FULLER, 1995).

Pode-se afirmar que, nas redes, a inovação decorre da capacidade de promover a socialização e a utilização de conhecimentos de maneira mais intensa que em outros formatos clássicos de organização. Essa conectividade dos agentes é um dos fatores mais relevantes para estimular e manter o fluxo informacional nas organizações (GULATI, 1998). A informação, quando flui através da rede, torna-se mais rica; novas conexões e novos significados são gerados, debatidos e avaliados.

Para que uma rede se constitua num efetivo ambiente de aprendizado e, assim, favoreça a inovação nas empresas associadas, é preciso destacar algumas condições viabilizadoras, a saber: relações de confiança entre os empresários, estrutura descentralizada e menos hierárquica, comunicação informal, existência de espaços e momentos que possibilitem a socialização de conhecimentos e o acesso a novos conhecimentos e competências externas.

Os benefícios relacionados ao compartilhamento de ideias e experiências entre empresas e ao empreendimento de projetos coletivos de melhoria e inovação representam ganhos significativos e intrínsecos às redes de empresas, conforme demonstra o caso da Toyota, apresentado no Box 5.2. Essa empresa conseguiu desenvolver processos de interação e relacionamento profícuos com suas redes de fornecedores. A capacidade de aprendizado coletivo proporciona à Toyota um contexto de inovação e vantagem competitiva verdadeiramente sustentável na indústria automobilística, fazendo dela uma das empresas mais inovadoras do mundo.

Algumas empresas já se encontram num estágio tão avançado no modelo colaborativo e em rede para os processos de inovação que estão mudando radicalmente o velho conceito do departamento de P&D rumo a um processo de inovação aberta. Na próxima seção será aprofundado o modelo de inovação visto como um processo aberto e colaborativo.

A inovação aberta: uma radicalização na concepção de P&D

O modelo da inovação no século XX era criar e comercializar ideias dentro das fronteiras da empresa. Os laboratórios de grandes empresas como a DuPont e a IBM atraíam os doutorandos mais talentosos das melhores universidades do mundo, que se utilizavam dos avanços revolucionários da ciência para criar produtos inovadores. Hoje o cenário é totalmente diferente. A ciência e a tecnologia evoluem a passos tão rápidos que até mesmo as grandes empresas já não têm como pesquisar a totalidade das áreas do conhecimento que contribuem para a melhoria e inovação de seus produtos. Ademais, já não podem controlar de ponta a ponta o processo de produção nem tentar reter dentro de suas fronteiras a maior parte das pessoas talentosas.

Ao observar os desafios da empresa contemporânea, Henry Chesbrough lançou no ano de 2003 o livro *Open Innovation*, em que sugere uma mudança radical na forma como as empresas inovam, passando de um modelo de inovação fechada (*closed innovation*) a um modelo de inovação aberta[1] (*open innovation*). Uma das principais características do modelo de inovação fechada é a elevada verticalização do departamento de P&D, que desenvolve tecnologias, novos produtos e serviços internamente e para o mercado. Nesse modelo de inovação, as entradas, os processos e os resultados ficam restritos aos limites das fronteiras da empresa.

Para Chesbrough (2003a), no paradigma da inovação fechada as empresas aderem à seguinte filosofia: o sucesso no processo de inovação requer controle; ou seja, as empresas geram suas próprias ideias, desenvolvem a tecnologia, produzem o produto, comercializam-no e se responsabilizam pelo pós-venda. Para as empresas que seguem esse paradigma, o ciclo virtuoso da inovação obedece aos seguintes preceitos: a) descobrir o melhor e o maior número de ideias que permitam à empresa chegar primeiro ao mercado; b) obter o máximo de lucratividade dessas ideias, que são protegidas rigorosamente por contratos de propriedade intelectual, impedindo que os concorrentes possam explorá-las; c) reinvestir parte dessa lucratividade em mais P&D interno, o que levará a novas inovações radicais.

Durante todo o século XX, esse modelo de inovação fechada foi amplamente adotado – e até funcionava muito bem. No entanto, conforme aponta Chesbrough (2003b), ele foi sendo desafiado por uma série de fatores. Primeiro, o aumento da quantidade de cursos de formação em nível de pós-graduação, que tem resultado na crescente qualificação dos trabalhadores do conhecimento. Segundo, essa qualificada força de trabalho apresenta elevada mobilidade no mercado. Terceiro, a explosão dos capitais de risco, direcionados ao investimento em pequenas empresas de alta tecnologia e empreendimentos especializados em produzir e comercializar pesquisa. Finalmente, o reduzido ciclo de vida das tecnologias e o aumento da competição por meio de empresas em países emergentes.

Esses fatores fizeram repensar o modo como as empresas desenvolvem a inovação tecnológica. Assim, a emergência do modelo de inovação aberta é resultado do reconhecimento, pelas organizações, da impossibilidade de possuir todas as boas ideias internamente e, da mesma forma, de reconhecer que nem todas as boas ideias criadas internamente podem ser implementadas com sucesso pela própria empresa. Com o modelo de inovação

---

[1] Inovação aberta. O termo inovação aberta será utilizado com o mesmo sentido de *open innovation*, expressão cunhada na literatura por Henry Chesbrough, em 2003.

aberta, as organizações buscam se valer de ideias externas e internas para desenvolver produtos, processos e mercados. A fronteira da empresa torna-se, desse modo, mais porosa, permitindo a ampla mobilidade de ideias, em uma ampla rede de colaboradores dentro e fora da organização. No Quadro 10.1, podemos observar as principais diferenças entre os princípios de inovação fechada e inovação aberta.

Algumas indústrias, como as de computadores, semicondutores, equipamentos de telecomunicações, biotecnologia, sistemas de comunicação, entretenimento, ao lado de outros setores mais tradicionais, têm adotado o modelo de inovação aberta já há algum tempo. Para esses segmentos, o locus da inovação está migrando do departamento de P&D centralizado para um departamento de P&D integrado a pequenas empresas, universidades, centros de pesquisas, profissionais independentes, consultores e quaisquer outros especialistas globalmente dispersos, mas presentes em uma rede, como no caso da InnoCentive.[2]

Para Tapscott e Williams (2007), a InnoCentive representa apenas um dos muitos mercados revolucionários que aproximam os cientistas dos desafios de P&D que empresas como Boeing, DuPont, Novartis e P&G apresentam em busca de inovação. Esse tipo de tecnologia une especialistas

QUADRO 10.1 Princípios da inovação fechada e da inovação aberta

Princípios da inovação fechada	Princípios da inovação aberta
Os maiores gênios de nosso campo de conhecimento trabalham para nós.	Nem todos os gênios trabalham para nós; então, precisamos encontrar a *expertise* dos profissionais brilhantes fora da empresa.
Os resultados de P&D devem ser descobertos, desenvolvidos e implementados por nós mesmos.	O P&D externo pode criar valor significativo para a empresa, sendo que o P&D interno é necessário para agregar uma porção desse valor.
Se descobrirmos a inovação nós mesmos, chegaremos primeiro ao mercado.	Não precisamos originar a pesquisa internamente para apropriar seus resultados.
Se formos os primeiros a comercializar a inovação, teremos sucesso.	Construir um modelo de negócio adequado é melhor do que entrar primeiro no mercado.
Se criarmos a melhor ideia do mercado, teremos sucesso.	Se fizermos o melhor uso de ideias internas e externas, teremos sucesso.
Precisamos controlar nossa propriedade intelectual; assim, nossos concorrentes não lucrarão com nossas ideias.	Podemos lucrar com o uso de nossa propriedade intelectual por outros e também licenciar a propriedade intelectual de outros, quando isso fortalecer nosso modelo de negócio.

Fonte: Adaptado de Chesbrough (2003b).

---

[2] InnoCentive. Rede com mais de 91 mil cientistas que fornece soluções para problemas difíceis de pesquisa e desenvolvimento em troca de recompensa financeira.

em problemas não resolvidos de P&D, permitindo a tais empresas utilizar talentos de uma comunidade científica global sem ter de empregar em seus laboratórios todo mundo em tempo integral.

O exemplo de uma plataforma de inovação aberta por meio de redes, como é o caso da InnoCentive, permite às empresas utilizar comunidades virtuais para encontrar, com mais rapidez e muito mais eficiência que no passado, mentes singularmente qualificadas para o desenvolvimento de novos produtos e serviços. Tais comunidades colaborativas são também denominadas "ideágoras" (TAPSCOTT; WILLIAMS, 2007), isto é, centros que, como a InnoCentive, procuram tornar acessíveis a empresas com sede de inovação de ideias, invenções e conhecimento científico provenientes de qualquer lugar do mundo.

O exemplo da InnoCentive funciona da seguinte maneira: as empresas ou "prospectores" inserem problemas de P&D no *website* da rede, enquanto os "solucionadores" enviam suas soluções na tentativa de faturar prêmios em dinheiro. Esse modelo de inovação está derrubando as portas dos laboratórios tradicionais de P&D e desbravando uma nova fronteira, a partir da qual quem estiver interessado na busca de soluções pode ir além de suas instalações tradicionais de P&D e valer-se de outras mentes espalhadas por todo o planeta.

Outra empresa do mercado de tecnologia que, de forma semelhante à InnoCentive, funciona como uma comunidade *on-line* de transferência de tecnologia e ideias é a Yet2.com. Quando surgiu em 1999, quem logo tratou de utilizá-la foi uma das gigantes do ramo de produtos de consumo, a Procter & Gamble (P&G). A P&G buscava resolver o seguinte dilema: detinha uma montanha de propriedade intelectual que não seria usada internamente e procurava maneiras de capitalizá-la. Segundo seu presidente, atualmente alguém de fora de sua empresa poderá auxiliá-lo a responder às suas perguntas, resolver os seus problemas ou aproveitar melhor as suas oportunidades. O desafio está em encontrar essa pessoa e descobrir como trabalhar de maneira colaborativa e produtiva com ela (TAPSCOTT; WILLIAMS, 2007).

O caso do desenvolvimento do Fiat Mio (Box 10.1) ilustra como uma empresa, no contexto de uma indústria de processos muito tradicionais, como a automobilística, pode tirar proveito da inovação aberta. Esse caso é muito rico, pois apresenta como uma empresa pode se beneficiar de ideias de uma massa de usuários, que na maioria das vezes, ficam alheios aos processos de melhorias de produtos que eles mesmos irão utilizar. Essa visão de dar poder ao usuário final nos processos de inovação foi muito bem desenvolvido pelo pesquisador Von Hippel em seu ousado livro publicado em 2005, denominado *Democratizing Innovation*. Nessa obra o autor defende uma transição de um modelo "arrogante e prepotente" das organizações desenvolverem produtos para uma abordagem mais "democrática e participativa" com o usuário final.

BOX 10.1
INOVAÇÃO COLABORATIVA: O CASO DO FIAT MIO *

O centro de P&D da Fiat no Brasil vem projetando automóveis e avançando tecnologicamente desde 2003. Entre os carros totalmente desenvolvidos no Brasil, estão o Fiat Concept Car I (FCCI) e o Fiat Concept Car II (FCCII), apresentados no Salão Internacional do Automóvel. Esse evento, que ocorre na cidade de São Paulo, é bianual e apresenta "carros-conceitos", que representam o futuro do automóvel em relação a *design*, engenharia, tecnologia e usabilidade. Para o Salão de 2010, a Fiat resolveu apresentar um carro inovador não só no conceito mas também no processo de P&D. Para a criação do FCCIII, a empresa ideou o Fiat Mio, um projeto participativo, no qual os consumidores foram convidados a dar ideias para a criação do carro do futuro, por meio de uma plataforma disponibilizada na internet para esse fim (fiatmio.cc).

O projeto foi diferente dos outros que a Fiat Brasil desenvolveu, especialmente por duas razões: a cocriação com os clientes e a utilização de uma plataforma aberta de inovação. Um dos pilares para o desenvolvimento desse produto foi a cocriação entre os consumidores e a Fiat, por meio da postagem de ideias na plataforma fiatmio.cc, as quais foram avaliadas e, com base em estudos de viabilidade técnica, transformadas em um componente do automóvel pelos engenheiros e *designers*. A originalidade do desenvolvimento de um produto por meio de um relacionamento aberto com os clientes foi algo não usual em uma indústria para a qual o sigilo dos projetos é a prática habitual.

A plataforma criada pelo projeto foi o que deu suporte a todo o processo, sendo composta por três interfaces de interação com o consumidor: ideias livres, montagem técnica e *making of*. Cada uma delas teve um papel no projeto e foi enfatizada em fases diferentes do desenvolvimento do produto, e todas visavam à interação com os agentes externos que participavam da construção do carro. Pelo *site*, o público pode acompanhar toda a criação do veículo, que teve seu desenvolvimento aberto. A interface "ideias livres" teve ênfase na captação de ideias e no compartilhamento de informações entre os usuários e a empresa. A segunda interface, denominada "montagem técnica", foi utilizada para fomentar discussões sobre temas que ainda não haviam sido aprofundados, ou para confirmar as interpretações que os técnicos realizaram das ideias postadas. A terceira interface foi o *making of*, que possibilitou acompanhar o desenvolvimento do carro, abrangendo o trabalho de engenheiros, *designers* e profissionais de outras áreas da empresa envolvidos no projeto Fiat Mio. Com a utilização de uma plataforma aberta, o resultado final do projeto foi de propriedade coletiva. Assim, no momento em que o colaborador postou uma ideia no *site*, ela deixou de ser sua.

Para aprofundar o Caso Fiat Mio, pode-se realizar uma análise a partir das macrofases de desenvolvimento de inovação, como: a) mapeamento de cenários, que foi a fase que deu início ao projeto, ou seja, quando foi tomada a decisão a respeito de qual era a melhor maneira de interagir com o consumidor para envolvê-lo no desenvolvimento do carro. Ao fim desse estágio, optou-se por criar a plataforma fiatmio.cc, com uma pergunta-chave sobre o carro do futuro. b) ideia-conceito, que constituiu-se na geração de ideias para o produto, as quais foram criadas por meio da plataforma aberta, de modo que as pessoas entravam no site, postavam suas ideias e podiam comentar as ideias dos outros, e inclusive votar nelas. c) *design*-conceito, que foi dividida em duas partes. A primeira, *open concept design*, visou a interpretar as ideias geradas, sendo a criação coletiva entre a empresa e os consumidores que participaram desse processo criativo. A segunda parte é o Fiat Concept Design, que é o desenvolvimento da Fiat. Trata-se da leitura da empresa acerca do conceito que foi criado e que dará origem ao protótipo do FCCIII. d) *open branding*, que começou antes da finalização do desenvolvimento do projeto. É nesse estágio que ocorrem as decisões sobre o lançamento do carro.

Embora a participação dos consumidores tenha sido de grande relevância no desenvolvimento do Fiat Mio, outros agentes externos foram acessados em diferentes fases do projeto. A utilização de universidades e institutos de pesquisa no projeto Fiat Mio ocorreu de duas maneiras. No início do projeto, os responsáveis pela área de comunicação da Fiat visitaram universidades e convidaram alunos e professores a participar do projeto por meio da plataforma fiatmio.cc. Tal como os consumidores, eles coparticiparam da geração do conceito. Além dessa participação, ocorreu a aquisição de patentes pertencentes a universidades quando a empresa precisava de uma tecnologia que não tinha à sua disposição.

A participação dos fornecedores caminhou na linha de aquisição de tecnologias e passou a ser imprescindível quando as ideias dos consumidores começaram a ser implementadas. A Fiat não possuía muitas das tecnologias levantadas no *briefing* do carro. Como se tratava de tecnologias muito recentes ou ainda não aplicadas em automóveis, a empresa precisou mover esforços para buscar essas tecnologias. Para o desenvolvimento do projeto do Fiat Mio a Fiat contou com dois tipos de fornecedores: os atuais e as novas empresas especializadas em tecnologia. Quando os fornecedores mais antigos não dispunham da tecnologia que era necessária, a empresa foi mais longe e começou a fazer contato com empresas, universidades e grupos de pesquisa especializados, os quais poderiam ter o produto desenvolvido ao menos em nível de protótipo. Outra participação de fornecedor no desenvolvimento foi da agência Click, responsável por toda a interação da Fiat com os seus usuários. A empresa participou de todo o projeto de desenvolvimento do Fiat Mio, sendo inclusive responsável pela execução de uma etapa do processo: a criação do *briefing*.

Ao analisar as práticas de inovação colaborativa evidenciadas no caso do Fiat Mio, observa-se desde uma parceria para realização de uma atividade de menor complexidade até o desenvolvimento em conjunto de tecnologias entre a empresa e outros agentes externos. Entre elas pode-se destacar três grupos:

a. aquisição e licenciamento de tecnologia, que ocorreu no estágio de desenvolvimento do FCCIII, quando as ideias estavam tornando-se um produto. Essa prática foi bastante utilizada no projeto Fiat Mio devido ao seu curto tempo de desenvolvimento. Por isso, as ideias geradas no site deveriam estar no carro até o fim do projeto, o que fez com que a Fiat recorresse a detentores do conhecimento necessário e fizesse o licenciamento de sua propriedade. Entre as tecnologias encontradas pela empresa, constam novas formas de transmissão de energia e vidros que modifiquem a sua transparência. Em um primeiro momento, essas tecnologias foram pesquisadas entre os fornecedores atuais, que as disponibilizam para o setor automotivo e para a Fiat. Quando essa tecnologia estava para ser aplicada aos carros, a Fiat procedeu à sua aquisição.

b. colaboração em P&D, que ocorreu de maneira ampla com consumidores, fornecedores e universidades. Os consumidores, no entanto, tiveram um nível de envolvimento destacado na cocriação do produto, atuando na geração e seleção de ideias e na criação do conceito do carro. Apresentaram, também, novos conteúdos à empresa, tal como possibilidades de tornar o carro atualizável e capaz de receber novas configurações. Além de gerar ideias e conteúdos, eles foram responsáveis por decidir o caminho do projeto, como no caso da decisão da linha-guia de *design* do carro, o que, em projetos normais, caberia à direção escolher. No caso do Fiat Mio, as duas linhas-guias de *design* foram disponibilizadas na plataforma, e o usuário optou por qual delas seria escolhida.

c. colaboração na gestão da P&D, que ocorreu especialmente na relação com a agência Click, fornecedor de mídia digital da Fiat. Ela participou de todas as etapas do processo de desenvolvimento desde o seu início, sendo responsável por todas as interações com os usuários, pelas postagens na plataforma da internet, pela captação das ideias, pela transformação dessas ideias em *briefing* e pela avaliação das áreas de criação a partir do que foi requerido no *site*.

Quanto aos resultados, o projeto Fiat Mio superou as expectativas. O *site* teve mais de 2.313.914 visitantes únicos, com 69.500 participantes cadastrados e 55.016 ideias enviadas. Esse nível de engajamento colaborativa no desenvolvimento de projeto possibilitou uma redução do tempo médio de desenvolvimento do protótipo, geralmente de três anos e que, no caso do Fiat Mio, foi de 18 meses. Além da aplicação de uma série de ideias, como por exemplo: capacidade de o automóvel receber atualizações e novas configurações; novas soluções para carregamento da bateria no carro elétrico; transmissão de eletricidade sem fio; tecnologia que possibilite aos vidros mudarem de cor e componentes para fabricação de carro elétrico, com bateria cambiável.

Fonte: Bueno e Balestrin (2012) e Pinheiro (2014).

A lógica que sustenta a inovação fechada – a abordagem centralizada de P&D – tem-se tornado obsoleta. Em contrapartida, a mudança radical representada pelo modelo de inovação aberta, que abrange ideias e conhecimento externos em combinação com P&D interno, oferece novas maneiras de criar valor para a organização. Em síntese, como destaca Chesbrough (2003a), as empresas que conseguirem utilizar ideias externas para desenvolver seu próprio modelo de negócios e trabalhar com uma ampla rede de colaboradores externos provavelmente irão prosperar nessa nova era da inovação aberta.

Nesta Parte II tratamos dos ganhos competitivos das redes de cooperação. Os seis ganhos apontados referem-se à composição de uma série de possibilidades que a ação coletiva poderá proporcionar. No entanto, não basta juntar as empresas em torno de um projeto de interesse comum para que os resultados sejam alcançados; é necessário superar outros desafios no processo de cooperação. Questões relacionadas aos motivos que levam algumas redes a alcançar melhores ganhos, ou às dificuldades para a obtenção desses ganhos de forma efetiva ao longo do tempo, são apenas alguns dos problemas que surgem no dia a dia. As respostas para essas indagações passam pela dimensão da "gestão de redes de cooperação", tema que será aprofundado na Parte III deste livro.

Parte III
Gestão de redes de cooperação

A terceira parte deste livro pretende contribuir para o entendimento dos principais elementos envolvidos no estabelecimento e na gestão de uma rede de cooperação, buscando lançar luz sobre os seguintes pontos:

1. Condições fundamentais para o estabelecimento de uma rede de cooperação.
2. Importância dos objetivos comuns para a formação de uma rede de cooperação.
3. Papel da interação no funcionamento de uma rede de cooperação.
4. Elementos relacionais presentes em uma rede.
5. Papel da gestão no alcance de ganhos competitivos por meio de redes.
6. Principais elementos para a gestão das redes de cooperação.
7. Instrumentos contratuais e sua importância para a gestão das redes.
8. Contribuição dos instrumentos de decisão para a gestão das redes.
9. Papel dos instrumentos estratégicos de gestão.
10. Importância dos instrumentos de integração social.
11. Características peculiares da gestão das redes de cooperação.

11
Estabelecendo redes de cooperação

Os ganhos competitivos resultantes da ação em rede são a resposta a uma série de pressões do ambiente econômico que limitam ou restringem a competitividade das empresas. Como visto nos capítulos anteriores, as redes de cooperação proporcionam ganhos competitivos que dificilmente seriam obtidos pela ação individual. Diante dessa possibilidade, este capítulo reflete sobre as principais condições para o estabelecimento de uma rede de cooperação.

Embora se trate de uma questão ainda sem plena resposta, recentes reflexões teóricas lançam algumas luzes sobre as condições necessárias ao estabelecimento das redes. Os teóricos que seguem a linha de Castells (1999), por exemplo, afirmam que uma rede é estabelecida quando há coerência e conectividade. A coerência agrega interesses semelhantes, permitindo a definição de objetivos comuns. A conectividade, por sua vez, aproxima os participantes da rede, potencializando uma permanente interação sinérgica entre seus recursos tangíveis e intangíveis. Outros teóricos, como Grandori e Soda (1995), argumentam que o estabelecimento de uma rede de cooperação é viabilizado pela existência de uma estrutura que possibilite a coordenação entre os diversos agentes.

As pressões exercidas pelo ambiente competitivo estimulam cooperação como forma de gerar soluções coletivas. Todavia, para que essas pressões sejam suportadas coletivamente, os interessados devem reunir objetivos comuns, formas de interação e meios eficientes de coordenação. Ou seja, como podemos observar na Figura 11.1, o estabelecimento de redes de cooperação pressupõe três condições fundamentais: objetivos comuns, interação e gestão.

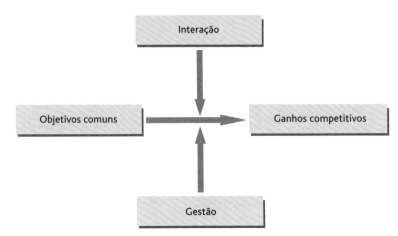

FIGURA 11.1 Condições para o estabelecimento de redes de cooperação.

Observar essas três condições é essencial para a obtenção dos ganhos competitivos. Nas próximas seções, serão discutidos e aprofundados os aspectos referentes aos objetivos comuns e à interação dos participantes e, nos capítulos seguintes, será abordada a gestão das redes de cooperação.

Objetivos comuns

Dificilmente uma rede de cooperação sobreviverá ao longo do tempo se os interesses entre os atores participantes forem divergentes. Para Castells (1999), o aspecto da coerência é essencial para que a rede tenha resultados efetivos, ou seja, é necessário que existam interesses compartilhados entre os objetivos da rede e os objetivos dos associados. Objetivos comuns facilitam o surgimento de um ambiente de cooperação em torno de interesses representativos de todos os participantes de uma determinada rede.

Os objetivos comuns compartilhados pelos associados de uma rede podem ser os mais diversos. Para a pesquisadora Oliver (1990), as redes são formadas com o intuito de fazer frente a uma série de pressões que restringem a capacidade das empresas de obter ganhos competitivos de forma individual. Para atenuar essas pressões, as empresas se unem em torno de objetivos comuns, que levam à cooperação. Esses objetivos podem ser: acessar recursos, exercer assimetria de poder, buscar reciprocidade, ganhar eficiência, alcançar estabilidade, conquistar legitimidade, obter flexibilidade, entre outros.

Uma organização frequentemente estabelece elos ou trocas com outras organizações pela necessidade de ter acesso a recursos tangíveis e intangíveis. Esse objetivo é sustentado por estudos procedentes da abordagem da dependência de recursos, segundo a qual a formação de redes é contingenciada pelos escassos recursos do ambiente. À luz do objetivo de exercer assimetria de poder, as relações entre as organizações são estimuladas pela possibilidade de ampliar o poder individual através da rede, isto é, pelo potencial fortalecimento que a rede terá no mercado. Diferentemente do objetivo de compartilhar recursos, a assimetria de poder explica por que uma rede poderá ser formada com a finalidade de barganhar ou fazer *lobby* junto a outras empresas e ao mercado em geral.

Por outro lado, parte considerável da literatura assume implícita ou explicitamente que, em vez da assimetria de poder, a formação de redes baseia-se na busca de reciprocidade. Nesse sentido, elas são constituídas com vistas ao exercício da cooperação e da coordenação entre as organizações, ampliando sua capacidade de executar ações coletivas em prol de interesses interdependentes e complementares.

A obtenção de eficiência é o objetivo comum, junto com redução de custos e aumento da eficiência interna das empresas associadas. A formação de redes também tem raiz na busca de estabilidade frente às incertezas e flutuações do mercado.

Algumas redes são formadas com o propósito de conquistar maior legitimidade no mercado em que atuam. Assim, por exemplo, uma empresa que busque participar de uma rede com forte reputação no mercado estará fortalecendo sua imagem junto aos clientes, fornecedores e demais agentes. Outro fator de grande relevância para a formação das redes de cooperação é a necessidade de flexibilidade organizacional, necessidade essa provocada pela crescente competição, que exige das empresas velocidade e adaptabilidade. Assim, a configuração em rede surge como uma alternativa à rigidez da organização de perfil burocrático.

Observamos que esses sete objetivos comuns são os principais fatores que motivam as organizações a estabelecer redes de cooperação; isto é, eles explicam as razões pelas quais as organizações decidem relacionar-se com outras. Embora eles possam ser isoladamente considerados suficientes para a formação das redes, em geral, os sete objetivos costumam ocorrer simultaneamente.

No Quadro 11.1, apresentamos uma síntese desses objetivos comuns e suas definições. Vale notar que a diversidade de objetivos pelos quais as redes são formadas, bem como a presença de diferentes contextos históricos, culturais e tecnológicos, pode explicar a diversidade de tipologias de redes e suas correspondentes diferenças no processo de funcionamento e gestão.

Cumpre destacar que a definição de objetivos comuns como meio de fazer frente a determinadas contingências que limitam a competitividade das empresas é uma explicação consistente para o surgimento de redes. No entanto, conforme discutiremos a seguir, a simples existência destes

QUADRO 11.1 Objetivos comuns da formação das redes

Objetivos comuns	Definição
Acessar recursos	Necessidade de acessar e compartilhar soluções e recursos.
Exercer assimetria	Necessidade de maior influência no mercado.
Buscar reciprocidade	Necessidade de desenvolver ações coletivas de interesse comum.
Ganhar eficiência	Necessidade de maior eficiência interna.
Alcançar estabilidade	Necessidade de maior estabilidade frente à incerteza ambiental.
Atingir legitimidade	Necessidade de ganhar legitimidade no mercado.
Possibilitar flexibilidade	Necessidade de melhor adaptação aos ambientes mais dinâmicos.

não garante que a rede vá alcançar ganhos competitivos; para tanto é necessário haver um efetivo processo de interação e gestão entre seus atores.

Interação

A possibilidade de uma rede realizar seus objetivos comuns está intimamente ligada à capacidade de seus integrantes estabelecerem conexões entre si. Seja no passado, como na disseminação de uma fé religiosa, seja no presente, como na realização de um ataque massivo a um sistema de busca na internet, a interação é a base das ações coletivas (BARABÁSI, 2003). A existência de objetivos comuns é a força motriz na formação das redes, mas as estratégias coletivas dificilmente trarão ganhos substanciais sem um robusto processo de conectividade entre os membros. Portanto, compreender o processo de interação em uma rede faz-se crucial para o entendimento de sua dinâmica de formação e para a obtenção de ganhos competitivos.

A interação ocorrre quando dois ou mais participantes se conectam (TODEVA, 2006). A conectividade, ou seja, a capacidade de interligar cada um dos participantes da rede, pode ser representada pela intensidade e pela frequência da comunicação entre indivíduos, grupos ou organizações (HAGE; HOLLINGSWORTH, 2000). Nas redes de cooperação, a interação ocorre principalmente entre os empresários, donos das empresas associadas, mas também entre os funcionários das empresas, os funcionários da redes e até mesmo entre suas famílias.

Para Nohria e Eccles (1992), há três motivos que reforçam a necessidade do fortalecimento da interação nas redes:

- **identidade** – refere-se às imagens mentais criadas em relação aos outros participantes. Essas imagens baseiam-se em critérios e categorias utilizados para entender as pessoas como fortes ou fracas, passivas ou agressivas, conservadoras ou liberais, e assim por diante;

- **complexidade** – grande parte da interação depende não só do que é dito, mas também da maneira como se dá essa interação. É importante prestar atenção aos vários tipos de comunicação presentes e simultâneas, como as expressões corporais e faciais;

- **autenticidade** – vale destacar que a mentira, a fraude, a sabotagem e outras ações oportunistas tornam-se mais fáceis de perceber quando as interações ocorrem frente a frente, e não à distância.

Logo, entender as redes por meio da interação entre indivíduos na busca de um determinado objetivo tem sido a principal preocupação de uma série de pesquisadores, sobretudo no campo da sociologia. Um deles é Granovetter (1973), que pesquisou as formas como os profissionais chegavam às melhores oportunidades de emprego. Ao entrevistar diversas pessoas, ele percebeu que, ao contrário do que muitos imaginam, não era enviando currículos ou participando de múltiplos processos seletivos que eles alcançavam os melhores postos de trabalho, mas sim quando indicados por outros profissionais de sua rede de relacionamento. A interação em rede era, portanto, a principal fonte de informações no processo de tomada de decisão dos empregadores para encontrar e escolher seus funcionários.

Todavia, a mais interessante descoberta de Granovetter é que as oportunidades e o próprio emprego obtido não decorriam de interações com os amigos mais próximos, mas sim com os seus conhecidos menos íntimos. Sua descoberta trouxe à tona a importância dos chamados laços fortes e fracos. Os laços fortes são entendidos como as interações que ocorrem repetidamente por longos períodos de tempo e que, por isso, são mais intensas e geram maior proximidade. Já os laços fracos indicam interações pouco intensas, distantes e menos frequentes. Para Granovetter (1973), laços fortes são importantes por favorecerem relações de troca e possibilitarem ações conjuntas. Contudo, são os laços fracos que estabelecem as pontes que ampliam o fluxo de informações e conectam os grupos fechados para fora da rede. Ao abrir as portas dos grupos fechados, eles permitem acessar as múltiplas oportunidades viabilizadas pelo contato com o contexto externo.

A ação das empresas e das próprias redes de cooperação depende, pois, das interações forte e fraca entre os seus participantes. São elas que trazem à tona as posições que cada empresa ocupa e os papéis que desempenham na rede. Na Figura 11.2 é apresentado um exemplo ilustrativo das interações em uma rede. Em termos mais teóricos, a ilustração apresenta o mapa da estrutura relacional da rede. Observa-se que as letras representam as empresas da rede e os traços indicam as interações existentes com as demais empresas.

Com o intuito didático de demonstrar as possibilidades de análise das interações que podem ocorrer nas redes de cooperação, vamos aqui

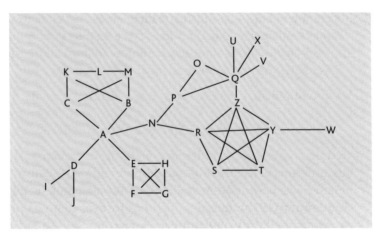

FIGURA 11.2 Mapa ilustrativo da estrutura relacional de uma rede.

explicar sete atributos: densidade, cliques, equivalência estrutural, buraco estrutural, autonomia estrutural, centralidade, proximidade, e poder de Bonacich. Há muitas outras análises que podem ser feitas em uma rede e existe uma extensa literatura e bons sites que tratam desse assunto (WASSERMAN; FAUST, 1994).

Um dos atributos estruturais de rede mais medidos e utilizados é a densidade. A densidade indica o nível de conectividade da uma rede. Ela é calculada pela proporção de conexões existentes em relação ao número total de relações possíveis na rede. A densidade de uma rede varia no intervalo de 0 a 1. Se nenhuma empresa de uma rede estiver conectada com outra empresa, a densidade da rede será zero, mas se todas as empresas da rede estiverem conectadas às demais empresas da rede, então a densidade da rede será 1, ou seja, total.

Dificilmente a densidade de uma rede será 0 ou 1. Muito provavelmente ela estará nesse intervalo. O importante, contudo, é perceber que quanto maior for a densidade de uma rede, (mais perto de 1), maior será sua conectividade e maiores serão as possibilidade de interação que cada empresa poderá ter com os demais associados. No caso da Figura 11.2, por exemplo, há 26 empresas e, por isso, 650 conexões totais possíveis entre elas. Como podem ser contadas 39 traços entre elas e cada traço representa duas conexões, a densidade dessa rede ilustrativa é calculada em 0,12. Trata-se portanto de uma rede que ainda pode buscar uma maior conectividade entre os associados e ampliar suas interações.

Um segundo atributo estrutural usualmente estudado nas redes é a formação de *clusters*, ou seja, subgrupos fechados dentro da rede. Estes *clusters* se caracterizam por ter uma alta densidade interna (somente entre as empresas do *cluster*) e uma baixa densidade externa (com as demais empresas da rede). Popularmente são também conhecidos como "panelinhas". Os *clusters* indicam interesses específicos de dois ou mais participantes da rede. Elas podem apontar tanto uma dissonância do subgrupo em relação aos objetivos da rede quanto simplesmente a aproximação decorrente de similaridades específicas de interesses e gostos. Um exemplo de *cluster* é a configuração das empresas E-H-G-F, encontrada na Figura 11.2.

Certos atributos relacionais que afetam a interação nas redes de cooperação dizem respeito à posição que a empresa assume na rede ou mesmo ao papel que executa. Um dos atributos que se referem diretamente às empresas é a equivalência estrutural. Ela indica o grau de similaridade das interações entre as empresas de uma rede podem ter. As empresas que são estruturalmente equivalentes tendem a possuir um perfil semelhante de relacionamento com as demais empresas. Na Figura 11.2, por exemplo observa-se uma equivalência estrutural entre as empresas C e B, na medida em que apresentam os mesmo elos com as outras empresas da rede. Ambas estão conectadas com as empresas A, K e M e não estão conectadas entre elas ou com a empresa L. O conceito de equivalência estrutural é útil para a formação da rede pois pode ajudar a explicar as decisões e os posicionamentos similares das empresas mesmo quando elas não estão diretamente conectadas, como no caso ilustrativo de C e B.

Se a presença de conexões entre empresas é vital para a formação de uma rede, a falta de conexões pode afetar o seu desenvolvimento. Tal fenômeno é explicado pelo conceito de buraco estrutural, que indica como a inexistência de conexões entre participantes de uma rede pode ser utilizado ou aproveitado por outros participantes para obter vantagens. Por exemplo, na Figura 11.2, a empresa D interage com as empresas I e J, que, por sua vez, não estabelecem conexão entre si. Verifica-se, aqui, um buraco estrutural entre I e J. Os buracos estruturais acabam beneficiando as organizações mais bem conectadas, como a empresa D, neste caso, visto que recebem informações de forma mais rápida que os participantes menos conectados (BURT, 1992).

Dada a existência desses buracos estruturais em uma rede, o conceito de autonomia estrutural aponta a capacidade, por parte de uma empresa, de se beneficiar do fluxo informacional na rede. As empresas estruturalmente autônomas são aquelas que interagem com empresas que possuem muitos buracos estruturais. Na Figura 11.2, a empresa Q pode se beneficiar dos buracos estruturais existentes entre as empresas U-X-V. Nesse caso, Q apresenta uma maior autonomia estrutural em relação às empresas U-X-V. Esse é um atributo que na formação e no desenvolvimento de uma rede pode explicar o motivo de algumas empresas cooperarem mais ou menos ou terem resultados melhores ou piores ainda que participando de uma mesma iniciativa.

Outro atributo de grande utilidade para compreender o funcionamento de uma rede é o conceito de centralidade, que indica a intensidade em que uma empresa está conectada às demais. Em outras palavras, quanto mais conexões com outras empresas de *clusters* diferentes um participante tiver, maior será seu grau de centralidade na rede. A centralidade permite identificar quais são as empresas de maior prestígio ou influência em toda rede e não apenas em um *cluster* específico. Uma empresa que ocupa uma posição central na rede pode, portanto, desempenhar um papel influente, por exemplo, no processo de formação e de tomada de decisão conjunta. No caso da Figura 11.2, as empresas A e R possuem cinco conexões e se encontram-se em uma posição relativamente mais central frente às demais outras empresas, mesmo frente as empresas Z e Y que também possuem cinco conexões.

Já o conceito de proximidade indica o nível de acessibilidade da empresa diante dos demais associados. Ou seja, trata-se da distância média entre uma empresa e as outras. A proximidade de um participante denota seu maior ou menor alcance pelos demais. Convém esclarecer que, nesse caso, o conceito de proximidade não representa uma relação física ou uma característica pessoal, mas sim a distância relacional entre os participantes. Assim, uma empresa próxima das demais tem a possibilidade de repassar e receber informações mais rapidamente do que as empresas relacionalmente distantes. Por exemplo, na rede iustrativa da Figura 11.2, as empresas com a menor proximidade (maior distância) são L-W. A distância entre elas dificulta a comunicação, pois caso L necessite repassar uma informação à empresa W, terá de ultrapassar sete passos de distância. De outro lado está a empresa N que, devido a sua posição na estrutura relacional da rede está, em média, a dois e a, no máximo, quatro passos de todas as demais empresas. Sua potencialidade de influenciar e de intermediar conflitos é relativamente mais elevada.

Por fim, um atributo não menos relevante da interação nas redes é o conceito de poder de Bonacich. Até a publicação do trabalho de Bonacich (1987), pesquisadores sustentavam que os participantes que tivessem mais conexões em uma rede seriam os mais poderosos. Porém, conforme Bonacich veio a demonstrar o poder de um participante não é determinado apenas pelo número de conexões que possui, mas também pelo número de conexões que seus conectados possuem. Para ele, a empresa com maior poder relacional em uma rede é aquela que mantém o maior número de conexões com empresas mal conectadas. Uma empresa poderosa é portanto, aquela que mantém interações com empresas pouco conectadas, pois estas últimas dependerão da primeira para se conectar a rede e receber e enviar informações para os demais associados.

Na Figura 11.2, por exemplo, a empresa Z tem cinco conexões Q-R-S--T-Y enquanto Y tem o mesmo número de conexões Z-R-S-T-W. Todavia, a empresa Z exerce pouco poder relacional sobre a empresa Q, já que ela se encontra conecta da às empresas O-U-X-V-P. Por outro lado, a empresa Y exerce grande poder relacional sobre a empresa W, que não está conectada a nenhuma outra empresa da rede. Assim, o nível de poder de Bonacich de cada empresa em uma rede é determinado por sua quantidade de conexões e pela quantidade de conexões que as empresas próximas a ela mantêm. Logo, a empresa Y tem um maior poder de Bonacich em relação a empresa Z.

O Quadro 11.2 apresenta uma síntese dos principais questões discutidas nesta seção, que envolvem os atributos de interação das redes de cooperação. Esse atributos são relevantes para o estabelecimento de redes de cooperação entre pequenas ou mesmo grandes empresas. O Box 11.1 apresenta de forma sintética os resultados de estudos que demonstram o entrelaçamento de conselhos de gestão das companhias de capital aberto no Brasil.

QUADRO 11.2 Atributos de interação de uma rede

Conceitos	Definição
Conectividade	Grau de conexão entre os participantes de uma rede.
Identidade	A imagem mental que é criada em relação aos outros participantes.
Complexidade	As diversas formas de interação que ocorrem simultaneamente.
Autenticidade	Minimização do comportamento anti-social nas relações face a face.
Laços fortes	Interações que ocorrem repetidamente por longos períodos de tempo.
Laços fracos	Interações pouco intensas, distantes e menos frequentes.
Densidade	A proporção de conexões existentes sobre o total de relações possíveis.
Cliques	Existência ou não de subgrupos fechados dentro da rede.
Equivalência estrutural	Grau de similaridade das interações entre as empresas de uma rede.
Buraco estrutural	Indica as conexões em que ocorre pouca ou nenhuma interação entre duas ou mais empresas.
Autonomia estrutural	Capacidade da empresa de se beneficiar do fluxo informacional na rede.
Centralidade	Indica em que medida uma empresa está conectada às demais.
Proximidade	A distância média entre uma empresa e as demais.
Poder de Bonacich	Determinado pela quantidade de conexões de uma empresa, associada à quantidade de conexões que as empresas próximas a ela mantêm.

BOX 11.1
A REDE DE CONSELHEIROS DAS EMPRESAS BRASILEIRAS

Quaisquer duas pessoas no planeta estão separadas por no máximo seis conhecidos. É o que diz a famosa teoria do mundo pequeno, comprovada em 1967, nos Estados Unidos, por um experimento que envolveu remessas de cartas e provou que dois indivíduos aparentemente distantes têm entre si apenas seis graus de separação. Um pesquisador do Instituto de Finanças da Fundação Getúlio Vargas decidiu aplicar essa teoria nos conselhos de administração de empresas de capital aberto no Brasil. E chegou à conclusão de que esse mundo é ainda menor. O estudo se baseou no paradigma social da estrutura dos relacionamentos, o qual assume que as redes se formam a partir do contexto das relações sociais. Isso inclui as relações de aproximação entre os atores (com experiências de confiança e comprometimento) e as relações de distanciamento (com as experiências de competição e jogos de poder). Dito de outra forma, duas ou mais pessoas tendem a trabalhar em conjunto quando existem laços sociais entre elas.

A rede de conselheiros das empresas brasileiras de capital aberto é um ecossistema formado por executivos e empresários que estudaram nas mesmas faculdades, trabalharam juntos ou já se esbarraram em reuniões de conselho. Nesse grupo de 1.983 conselheiros não há mais que cinco graus de separação entre um e outro. "A rede de relacionamento afeta diretamente o fluxo de informações entre as empresas – para o bem e para o mal", diz o professor Wesley Mendes-da-Silva, autor do estudo premiado no mês passado pela Sociedade Brasileira de Finanças. "Para o mal, porque as empresas estão sujeitas a vazamentos de informações estratégicas e para o bem, porque os conselheiros podem, por meio de sua rede de contatos e seu conhecimento, influenciar negócios e decisões." Mendes-da-Silva analisou as informações enviadas por 384 companhias abertas à Comissão de Valores Mobiliários (CVM). Mais do que mostrar as conexões entre empresas, o estudo mapeou os conselheiros mais bem relacionados e influentes do País – quem tem mais assentos em conselhos e quem se conecta ao maior número de outros conselheiros. "São os mais visíveis e de certa forma os mais influentes desse mundinho pequeno", diz o pesquisador.

A pesquisa mostra um retrato fiel do que são os conselhos de empresas no Brasil. Primeiro: não há mulheres. Elas estão presentes em apenas 7,7% dos conselhos de administração, segundo o Instituto Brasileiro de Governança Corporativa (IBGC). Nos Estados Unidos, o porcentual é de 15,7% e na Noruega, país com a maior presença de conselheiras, é de 40%. "A diversidade de perfis é imprescindível para o bom desempenho de um conselho", diz Roberta Nioac Prado, conselheira do IBGC. "A presença feminina, em muitos casos, garante essa diversidade, mas ainda é pequena." Segundo, há poucos conselheiros independentes. A recomendação dos órgãos de governança corporativa é de que mais da metade dos membros não tenha ligação com a empresa e com os controladores. Para as companhias que estão listadas nos níveis mais altos de governança da BM&FBovespa, a exigência mínima é de 20%. E é exatamente esse o porcentual predominante nas companhias brasileiras. Em geral, elas cumprem o mínimo. Na comparação com o mercado de capitais mais maduro do mundo – o americano –

o Brasil perde feio. Lá, 84% dos assentos são ocupados por independentes. "Esse seria o melhor dos mundos", diz o consultor de governança Herbert Steinberg. "O ideal é sempre ter alguém livre para se opor e criticar."

Em terceiro lugar, entre os conselheiros mais notáveis, sete acumulam a participação em mais de cinco conselhos – número máximo na orientação do IBGC. Sócio da empresa de investimentos Bahema, Guilherme Affonso Ferreira aparece em oito conselhos e diz que conta com a ajuda dos seus analistas para se preparar para as reuniões. "As empresas exigem mais ou menos dos conselheiros, dependendo do momento em que se encontram", afirma. "Agora, a Gafisa está tomando 60% do meu tempo." Mailson da Nóbrega, está em sete conselhos. E Nildemar Secches, em seis. "Para cada reunião, é preciso até três dias para se preparar", diz Roberta, do IBGC. "Como a maioria dos conselheiros mantém outras atividades, fica muito puxado." Para não perder pontos no Índice Dow Jones de sustentabilidade corporativa, o Itaú, por exemplo, exige que seus conselheiros participem de, no máximo, quatro conselhos.

O estudo feito pela Fundação Getúlio Vargas, e atualizado a pedido do jornal *O Estado de São Paulo*, foi o primeiro levantamento a mostrar as relações entre conselheiros no País e a revelar quem são os mais "conectados". Nos Estados Unidos, o "entrelaçamento de conselhos" é estudado há mais de uma década, com foco no conflito de interesses que pode haver quando duas ou mais empresas compartilham o mesmo conselheiro. Um caso que ficou conhecido no mercado americano foi o do presidente do conselho do Google, Eric Shmidt, que por três anos foi também conselheiro da Apple. A saída dele em 2009 coincidiu com um momento em que as duas empresas estavam passando de parceiras a concorrentes. Na época, especulou-se que a presença dele no conselho da empresa de Steve Jobs estava sendo investigada por órgãos antitruste e que isso também teria motivado sua saída. No mapa de relacionamento feito pela FGV não foi identificado nenhum compartilhamento de conselheiros entre companhias concorrentes. É mais comum a ligação entre clientes e fornecedores. A construtora Gafisa, por exemplo, compartilha o conselheiro Guilherme Affonso Ferreira, com a fabricante de telhas Eternit. "Há um nítido potencial de colaboração entre essas duas empresas", diz Mendes-da-Silva. Ferreira não se lembra de ter influenciado negócios entre essas duas companhias, mas diz que frequentemente apresenta partes interessadas em fazer alguma transação.

Fontes: Adaptado de Mendes-da-Siva, Onusic e Giglio (2013) e Oscar (2012).

Convém reiterar que no Quadro 11.2 são apresentadas as principais dimensões que envolvem os atributos de interação em uma rede de cooperação. Como salientado anteriormente, o estabelecimento dessas redes pressupõe três condições fundamentais: objetivos comuns, interação e gestão. Após a discussão, na Parte II, dos ganhos competitivos e, neste capítulo, dos objetivos comuns e da interação, é oportuno apresentar a Figura 11.3, que

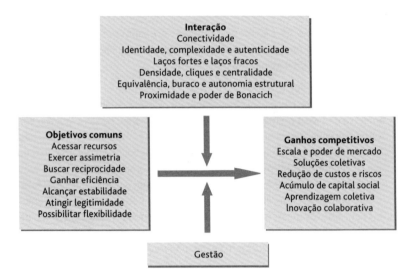

FIGURA 11.3 Objetivos, interação e ganhos competitivos.

exibe uma síntese das condições fundamentais para o estabelecimento de redes de cooperação visando à obtenção de seus ganhos competitivos.

Junto com interação e objetivos comuns, um terceiro elemento fundamental para que a rede obtenha êxito ao longo do tempo é seu processo de gestão. Pela relevância desse processo, dedicaremos os próximos dois capítulos a seu aprofundamento.

12
Gestão de redes de cooperação

As redes de cooperação são definidas neste livro como conjuntos de empresas independentes que, agrupadas em uma única estrutura e operando coletivamente, formam uma nova organização tão ou mais importante que as próprias empresas envolvidas. Assim percebidas, as redes constituem organizações complexas, que requerem um maior aprofundamento sobre sua gestão a fim de que seus objetivos sejam alcançados. Logo, conceber a rede como uma nova organização e entender seu gerenciamento é crucial para a obtenção de ganhos competitivos.

Este e o próximo capítulo serão dedicados ao tema da gestão das redes de cooperação. Inicialmente, destacaremos a importância da gestão para a consecução dos objetivos comuns traçados pelos participantes das redes. Posteriormente, serão apresentados os diferentes modelos de gestão de redes de cooperação. Salienta-se que, por suas peculiares características, as redes necessitam de novos modelos de gestão sob pena de limitarem seus ganhos competitivos e, em alguns casos, incorrerem em erros que as conduzirão a um desempenho inferior.

A relevância da gestão de redes

Os diversos exemplos discutidos nos capítulos anteriores demonstraram que, independentemente da configuração que a cooperação assuma, sua gestão é fundamental. Outras formas de cooperação entre empresas, por meio de parcerias, *joint ventures* e alianças estratégicas, comprovam igualmente que a gestão das ações coletivas é peça-chave para um desempenho superior. Nota-se, via de regra, que as redes constituídas sem uma gestão adequada dificilmente atingem os objetivos pretendidos, pois, como já enfatizamos, a simples formação de uma rede não garante que ganhos competitivos sejam gerados. O êxito das iniciativas de cooperação em rede decorre não apenas da gestão da empresa associada, mas principalmente da gestão da rede como um todo (HUMAN; PROVAN, 1997).

Redes de cooperação são organizações complexas e, como tais, precisam estar alicerçadas num modelo de gestão que possibilite sua sobrevivência e crescimento. Elas possuem características peculiares em relação a outras formas de organização, e alguns de seus atributos, como a flexibilidade e a rápida adaptação estrutural às mudanças ambientais, exigem gestores capacitados e instrumentos específicos de gestão. Tais considerações deslocam o eixo de discussão sobre a necessidade ou não do gerenciamento de redes para um debate mais robusto acerca de novos modelos de gestão e sua aplicabilidade nos diferentes formatos de redes de cooperação.

Modelos de gestão de redes de cooperação

A cooperação entre empresas em rede assume diferentes padrões, dependendo dos objetivos comuns e do nível de interação entre os participantes. Evidentemente, não há como estabelecer um modelo único de gestão aplicável a todas as redes. Muitas delas são formadas por um pequeno grupo de empresas – inferior a uma dezena – que se auto-organizam, conforme a Figura 12.1. Quando os objetivos comuns são menos complexos, verificam-se laços fortes e elevada densidade de interação entre os participantes, a autogestão pode ser uma opção válida para a estruturação e a sustentação da rede.

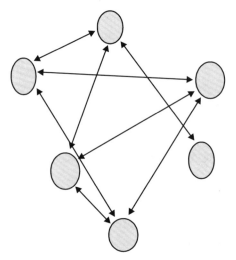

FIGURA 12.1   Gestão a partir da auto-organização.
Fonte: Provan e Kenis (2005).

À medida que a rede se expande e que os objetivos comuns e a interação entre os participantes tornam-se mais complexos, a autogestão perde crescentemente sua eficácia. Redes de cooperação de maior complexidade exigem modelos de gestão mais robustos. De acordo com Provan e Kenis (2005), existem dois modelos básicos para a gestão de redes de cooperação complexas: a gestão a partir de uma empresa líder e a gestão a partir de uma entidade administrativa autônoma.

Quando uma empresa assume o desafio de reestruturar seus negócios, formando uma rede de cooperação com seus fornecedores, por exemplo, ela precisa desenvolver um modelo apropriado para sua gestão. Nesse caso, o modelo de gestão que acaba sendo adotado pela rede é baseado na própria empresa líder. Nele, uma empresa líder em um mercado (compradora ou fornecedora) assume para si todas as atribuições relacionadas à formação e a gestão da rede, coordenando as atividades complementares dos envolvidos para que os objetivos comuns sejam alcançados.

As redes que operam sob a coordenação de uma empresa líder, conforme a Figura 12.2, destacam-se por seus diferenciais em termos de escala, integração, flexibilidade, complementaridade, reduções de custos e riscos junto ao grupo de parceiros. Quando forem bem claros e alinhados os objetivos entre a empresa líder e as empresas associadas, esse modelo de gestão poderá trazer ganhos de difícil imitação, como os vistos no caso das Lojas Zara, que consegue oferecer produtos diferentes aos seus clientes quase todas as semanas.

Em alguns casos, todavia, o que ocorre é que o foco da rede de cooperação centra-se nas estratégias da empresa líder, podendo gerar dependência

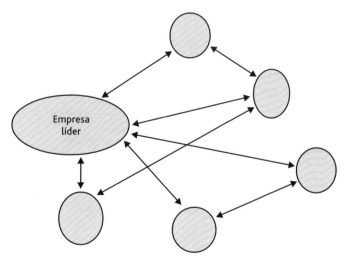

FIGURA 12.2 Gestão a partir de uma empresa líder.
Fonte: Provan e Kenis (2005).

dos demais associados. É possível também que esse modelo de gestão não reforce os laços entre os participantes e leve a uma baixa interação e identidade entre o conjunto de empresas da rede. Em decorrência, os associados podem facilmente perder o interesse nos objetivos comuns da rede e concentrar seus esforços apenas nos seus próprios objetivos.

O terceiro modelo de gestão de redes de cooperação, utilizado em larga escala, é a criação de uma entidade administrativa autônoma, com o propósito exclusivo de gerenciar a rede (Figura 12.3). As atribuições relacionadas à formação e gestão da rede ficam a cargo de profissionais contratados por essa entidade e são financiadas por todos os envolvidos, que assumem os ônus e distribuem os bônus da nova organização. Nesse caso, há maior probabilidade de os associados assumirem a rede como a sua organização, o que motiva o maior envolvimento das empresas com as questões que envolvem a rede.

O modelo de entidade administrativa autônoma é mais eficaz que a autogestão no que tange às redes complexas. Seu corpo funcional permanente possibilita conduzir a rede de forma profissional, permitindo que as decisões estratégicas tomadas pelo conjunto de empresas sejam implementadas de forma ágil. Essa nova organização autônoma tem também maior legitimidade em representar as empresas frente ao mercado pois invariavelmente é formada por participantes das empresas associadas. Por outro lado, sua constituição é mais complexa, já que as visões e os interesses dos participantes precisam ser ajustados antes mesmo de a rede vir a gerar os primeiros resultados.

O caso da Rede Smart (Box 12.1) exemplifica a importância e acomplexidade da gestão de redes de cooperação. Seja qual for a maneira como

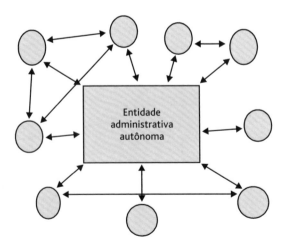

FIGURA 12.3 Gestão a partir de uma entidade administrativa autônoma.
Fonte: Provan e Kenis (2005).

a rede de cooperação é gerenciada, alguns aspectos são recorrentes nas iniciativas exitosas que conhecemos. Esses aspectos na maioria das vezes se diferenciam da gestão de empresas tradicionais. Sendo assim, o melhor caminho para avançar no conhecimento sobre a gestão de redes de cooperação é compreender suas diferenças em relação às práticas de gestão de outras empresas.

BOX 12.1
REDE SMART

Smart Supermercados, Universidade Martins do Varejo, Tribanco, Tricard e Tribanco Seguros são as iniciativas com ação integrada ao Grupo Martins, o maior grupo atacadista da América Latina e que tem um foco exclusivo: o pequeno varejista. "Nossa intenção é sermos a melhor solução para o setor varejista no Brasil, para que cada negócio se desenvolva e perenize", diz Antônio Alves da Silva Junior, gerente dos Serviços Smart. A pequena empresa que deu origem a esse conglomerado de negócios foi criada em Uberlândia (MG), em 1953, com recursos provenientes da venda de um sítio. A ideia foi de Alair Martins do Nascimento, ainda hoje à frente do Grupo: aos 19 anos, convenceu a família a trocar a agricultura pelo comércio, abrindo um armazém de secos e molhados. A trajetória de liderança do empreendedor mostrou-se eficiente. A carteira do grupo conta atualmente com 350 mil clientes. Com 5 milhões de cartões da Tricard emitidos, o Tribanco movimentou em empréstimos, no ano passado, R$ 1.196.329.000,00. São 78 agências e escritórios, que atendem 39 mil micro e pequenos empreendedores. A Universidade Martins do Varejo (UMV) oferece treinamentos presencial e a distância só para uma categoria de aluno: o empreendedor. Sem cobrança de mensalidade, o sistema funciona por meio de um programa de relacionamento – quanto mais o cliente se relaciona comercialmente com o Grupo, mais pode se beneficiar dos produtos e serviços oferecidos.

Foi na UMV que nasceu um projeto específico para fortalecer os micro e pequenos negociantes: a Rede Smart. Em 2000, com 35 lojas, a Rede nasceu no Triângulo Mineiro. Hoje está em praticamente todo o país, com exceção de Roraima, Rondônia, Mato Grosso. A última e mais recente adesão está acontecendo no Acre. A rede fechou o ano 2013 com 900 lojas filiadas, distribuídas em mais de 620 municípios brasileiros, em 23 estados. O conceito do Smart Supermercados está alinhado à missão do Martins de integrar produção e consumo por meio de um sistema de relações de qualidade. O Nordeste e o Sudeste são as regiões que lideram a movimentação do Smart Supermercados, sendo que os estados com o maior número de lojas são Minas e Bahia. A "proposta de valor" do Smart é muito ampla, englobando o atendimento do grupo ao comerciante na operação da loja, apoio em tecnologia, marketing, comercial, administração e gestão do negócio, apoio financeiro, oferta do cartão e produtos com marca própria.

Na avaliação de Antônio Alves, o sucesso do sistema está no próprio mercado: "Há 13 anos, a centralização das grandes marcas era muito maior do que é hoje. A maior concentração de lojas do Smart Supermercados está mesmo nas cidades pequenas, do interior do Brasil. São mais de 600 municípios que movimentam a economia local, reinvestem na comunidade, fomentam o desenvolvimento. Ao estabelecer uma rede de varejo de médio e pequeno porte, a Smart e o Grupo Martins conseguem maximizar o esforço de marketing da indústria para colocar seu produto nesse cliente.

Graças à maior proximidade com os clientes, o Martins melhorou significativamente seu processo de vendas, ao mesmo tempo em que passou a oferecer condições diferenciadas para compras no atacado. Apesar da intenção de suprir 100% do mix das unidades, o Grupo está fornecendo apenas 25% do total adquirido pelas empresas associadas. A bandeira Rede Smart Supermercados dá sustentação a todo o trabalho de marketing e comunicação, mas isso não impede que os associados continuem utilizando sua marca antiga como submarca. Com efeito, as lojas preservam sua autonomia e independência – exceto nas ações promocionais veiculadas em redes de TV e jornais de ofertas.

A compra dos itens de alto giro é realizada em uma central que atua independentemente do Martins. Em respeito às diferenças regionais na composição do mix dos demais produtos, as lojas num raio de até 150 km passaram a constituir pólos e são atendidas por dois compradores, que exercem o papel de "central de compras". São 15 polos, cada um deles contando com um escritório, um supervisor e um assistente administrativo. O faturamento é feito da indústria para a loja, assim como as entregas.

Fonte: Adaptado de Rede Smart (2014) e Serviço Brasileiro de Apoio às Micro e Pequenas Empresas (2014).

Gestão da empresa tradicional *versus* gestão das redes de cooperação

As redes de cooperação constituem uma forma organizacional distinta das formas tradicionalmente conhecidas e estudadas de empresas. Em decorrência disso, sua gestão inclui aspectos que a diferenciam do modelo de uma empresa que opera individualmente. Uma rede gerida com base nos instrumentos desenvolvidos para as empresas individuais terá limitadas condições de alcançar os objetivos coletivos pretendidos. Nesta seção, discutimos algumas das diferenças mais relevantes para a gestão de redes de cooperação.

A primeira dessas diferenças está nas estruturas da rede e da empresa individual, já discutidas nos capítulos anteriores. Os objetivos da gestão e a forma de interação nesses dois modelos diferem. Enquanto na empresa individual o principal objetivo é o lucro dos proprietários e a interação é marcada pela imposição hierárquica, nas redes de cooperação ele está centrado nos ganhos competitivos que proporcionam lucratividade às empresas associadas, sendo buscados por meio da interação colaborativa e em rede.

Uma segunda diferença diz respeito à contratualização. Assim como nas empresas individuais, o comprometimento contratual dos participantes com a rede evita que os relacionamentos fiquem "soltos", assegurando o envolvimento das empresas e facilitando o empreendimento de ações mais complexas. A contratualização regula explicitamente direitos e deveres, tornando claras as regras que regem a organização. Quanto maior o grupo de envolvidos, mais ele precisará de um acordo contratual. Por isso, os contratos são fundamentais para o desenvolvimento das redes de cooperação e das organizações como um todo.

Entretanto, a contratualização nas redes não segue o padrão rígido das empresas individuais. Nas redes, o contrato é entendido como a plataforma inicial que irá selar os interesses comuns que legitimam a ideia de rede estabelecida. Em outras palavras, as redes estabelecem os chamados contratos relacionais (BAKER; GIBBONS; MURPHY, 2002) nos quais as contínuas interações entre os agentes são os delineadores das normas e dos procedimentos a serem seguidos. Não obstante, a contratualização também é importante para garantir tanto o equilíbrio de direitos e deveres quanto a divisão equânime dos ganhos gerados, evitando sua concentração em um grupo pequeno.

Outra diferença da gestão das redes de cooperação em relação à das empresas individuais está na orientação estratégica. Como discutido no Capítulo 3, a rede representa uma alternativa à perspectiva de competição arraigada nos conceitos tradicionais de estratégia, buscando estabelecer uma orientação estratégica coletiva e aglutinando ações e recursos para o alcance de objetivos comuns. Nas redes de cooperação, ao mesmo tempo em que uma empresa participante é regida pelas estratégias coletivas definidas pelo conjunto das organizações associadas, é ela própria quem tem a autonomia decisória e a incumbência de implementá-las em sua área de abrangência. Devido a esse paradoxo entre as estratégias da rede e a estratégia da empresa associada, a gestão das redes de cooperação precisa alinhar os interesses estratégicos da rede aos interesses individuais das empresas associadas.

Além da contratualização e da orientação estratégica, outras diferenças de gestão são encontradas na coordenação e no processo de tomada de decisão. Numa empresa individual, a coordenação busca harmonizar os esforços e as ações dos participantes, tendo em vista alcançar os objetivos delineados. Segue-se, assim, o princípio da hierarquia funcional, segundo o qual os responsáveis por cada órgão ou unidade são investidos de autoridade para efetuar a coordenação geral. A coordenação, portanto, ocorre com a definição das tarefas e a supervisão das atividades é realizada de cima para baixo, dos chefes aos subordinados.

Já nas redes de cooperação, a coordenação ocorre transversalmente entre empresas independentes; ou seja, ela busca integrar e equilibrar empresas diferentes, configurando uma só unidade produtiva e comercial. Atuando paralelamente aos demais aspectos de gestão, a coordenação da rede procura solucionar as questões referentes às expectativas dos envolvidos e potencializar a interação entre eles. Aplicada em diferentes contextos organizacionais, ela torna possível a gestão espacial da rede, pois viabiliza o trabalho colaborativo e a realização de projetos conjuntos entre equipes geograficamente dispersas. Nesse sentido, o conhecimento dos atributos de interação entre os envolvidos é de alta relevância para a gestão das redes de cooperação.

No entanto, uma das diferenças mais acentuadas entre a gestão da empresa individual e a das redes está no papel dos gestores, que se ocupam do conjunto de competências das empresas associadas. Nas redes, os gestores operam além das fronteiras de cada empresa, gerindo os recursos disponibilizados pelos parceiros da rede. Por intermédio deles, as redes de cooperação quebram os padrões normais de autoridade e comando hierárquico, introduzindo, em seu lugar, padrões sustentados por decisões consensuais. Para os gestores de redes de cooperação, a autoridade dá lugar à influência, e o comando, à negociação.

Os gestores encarregam-se, portanto, de promover o fluxo informacional, facilitar o alinhamento das estratégias, reduzir as assimetrias e estabelecer expectativas comuns entre os participantes. De acordo com Snow e Thomas (1993), a gestão das redes de cooperação é conduzida sob diferentes contornos, em que os gestores assumem três características distintas. Em um primeiro momento, emerge o denominado arquiteto da cooperação. Nesse ponto, o gestor atua na formação da rede, aproximando os interessados e motivando interações entre eles. Em um segundo momento, ele atua como se fosse um operador, cuja finalidade central é coordenar o conjunto de empresas para que o processo operacional da rede ocorra de maneira eficiente. Nesse ponto, sua atenção está voltada à identificação dos principais problemas e à implementação de soluções viáveis para o desenvolvimento da rede. Por fim, o gestor torna-se o mediador da rede, promovendo a cooperação, mediando conflitos, monitorando os participantes, aproximado os agentes externos e auxiliando os novos associados.

Ademais, os gestores assumem o desafio de reduzir as barreiras à entrada e à saída da rede, ampliando o acesso e a socialização das informações. Na medida em que os novos associados não estão totalmente afinados com as rotinas estabelecidas e as percepções compartilhadas na rede, o gestor pode alinhar estas percepções e, assim, contribuir para a constante atualização e desenvolvimento do grupo. O gestor de redes de cooperação também procura motivar e comprometer os participantes valendo-se da relação de dependência e independência de cada empresa em relação ao grupo. Uma das maneiras de obter esse comprometimento é democratizar e descentralizar a tomada de decisão – medida contrária à política adotada pela empresa individual, que invariavelmente centraliza e concentra as decisões no topo da pirâmide hierárquica. Desse modo, o gestor da rede desenvolve a capacidade de envolvimento e participação dos associados.

Todos esses aspectos mostram-se relevantes para organizar as ações coletivas e orientar as ações dos gestores, que, como em qualquer forma organizacional, devem tomar decisões que envolvam as funções clássicas de planejamento, direção, controle e avaliação. Contudo, o planejamento é feito conjuntamente, considerando o planejamento de cada empresa; a direção recai sobre as ações conjuntas dos membros de maneira interdependente; o controle é exercido com base na reciprocidade de relações entre os associados; e a avaliação mensura os ganhos competitivos proporcionados coletivamente pela rede e absorvidos individualmente em cada empresa associada. O Quadro 12.1 sintetiza essas diferenças entre a gestão da empresa individual e a gestão das redes de cooperação.

Conforme exposto, podemos concluir que a gestão das redes de cooperação contém peculiaridades que a distinguem da gestão das empresas individuais, razão pela qual ela não pode simplesmente seguir os instrumentos clássicos da literatura de administração. A perspectiva da gestão das redes

QUADRO 12.1 Gestão da empresa individual *versus* gestão das redes de cooperação

Características da gestão	Empresa tradicional	Redes de cooperação
Objetivo principal	Maximização dos ganhos individuais	Maximização dos ganhos coletivos
Interação	Impositiva e burocrática	Colaborativa e em rede
Contratualização	Rígida e formalizada	Constitucional e flexível
Orientação estratégica	Competição individual	Cooperação em rede
Coordenação	Funcionalista e hierárquica	Transversal e interdependente
Papel dos gestores	Internamente nas empresas e com base na autoridade e no comando	Articulação do coletivo com base na influência e negociação
Tomada de decisão	Centralizada e impositiva	Descentralizada e democrática
Planejamento	*Top-down* e departamental	*Bottom-up* e em conjunto com cada empresa associada
Direção	Definida de forma hierárquica	Definida de forma interdependente
Controle	Baseado em direitos de propriedade e em acordos contratuais	Baseado na reciprocidade das relações entre os associados
Avaliação	Resultados departamentais e por empregado	Resultados coletivos e por empresa associada

de cooperação tem como fundamento a construção de instrumentos que levem em conta essas particularidades. No próximo capítulo, procuraremos apresentar e detalhar de modo pragmático alguns instrumentos que podem auxiliar os gestores na estruturação, expansão e manutenção das redes ao longo do tempo.

13
Instrumentos para a gestão de redes de cooperação

O campo de estudos das redes de cooperação é bastante rico em trabalhos que explicam como elas se constituem, as formas que a cooperação assume e os benefícios que proporciona. Em contrapartida, ainda são escassos os estudos que versam sobre o modo de gerenciá-las, sobretudo no que concerne aos instrumentos de que podem se valer os gestores no momento de constituir e desenvolver uma rede. Assim, o presente capítulo tem por finalidade apresentar e discutir alguns dos instrumentos que são úteis na gestão das redes.

Os instrumentos que iremos apresentar não devem ser tomados como uma receita simples e pronta para o gerenciamento das redes de cooperação, mas como sugestões para facilitar o trabalho daqueles que almejam construí-las ou fortalecê-las. Eles não operam isolados e devem estar alinhados no sentido de complementar-se mutuamente.

Cabe destacar que os instrumentos que apresentaremos resultam da observação das melhores práticas de gestão adotadas nas redes de cooperação, da experiência dos autores e da adequação dos elementos de gestão presentes na literatura. Quanto às melhores práticas de gestão, ressalte-se que muitos desses instrumentos já são utilizados por centenas de redes de cooperação no Brasil e no exterior; no entanto, necessitam sempre ser contextualizados à realidade específica das redes nas quais serão adotados.

Por fim, vale ainda ressaltar que a apresentação dos instrumentos e das ações sugeridas neste capítulo não segue nenhuma ordem ou hierarquia. Todos eles são igualmente importantes e podem ser utilizados simultaneamente, ou não, dependendo do contexto em que se encontra a rede.

Instrumentos contratuais

Em redes de pequeno porte, dada a proximidade pessoal, é possível contar com uma administração informal desprovida de maiores protocolos. A interação pessoal é a principal característica da maioria desses arranjos colaborativos de pequeno porte. Já os arranjos colaborativos de maiores dimensões que formam redes de cooperação complexas, oferecem alguns desafios. Nesse caso, dificilmente os objetivos comuns são alcançados sem algum acordo explícito. Desse modo, à medida que uma rede de cooperação torna-se maior e mais complexa, suas normas e seus procedimentos precisam ser detalhados e contratualizados, a fim de guiar as ações dos seus participantes.

Os instrumentos contratuais são importantes para as redes de cooperação, pois especificam os direitos e deveres dos envolvidos, organizam os recursos existentes, regulam as relações entre os participantes e reduzem os conflitos e a probabilidade de ações oportunistas. Assim, a contratualização é benéfica não apenas para a consecução dos objetivos de médio e longo prazo, mas também para a condução das atividades rotineiras. A ausência de documentos que explicitem o papel de cada associado da rede torna árduas até mesmo as atividades mais simples de alinhamento das ações coletivas entre os participantes.

Outra função dos instrumentos contratuais é orientar a divisão dos deveres e direitos sobre, por exemplo, as propriedades e riquezas geradas. O equilíbrio na distribuição dos ganhos torna os relacionamentos menos desiguais e evita a concentração de poder. Os instrumentos contratuais também fortalecem as relações da rede com os clientes e fornecedores, já que explicitam claramente ao público externo as nuanças das responsabilidades definidas entre as empresas envolvidas.

Entretanto, a questão que sobressai é identificar o melhor caminho para formalizar uma rede de cooperação. Nesse caso, a forma escolhida pela maioria das redes é o contrato associativo. Regido por estatuto e registrado publicamente em cartório, o contrato associativo estabelece uma plataforma jurídica coletiva que permite manter a cooperação entre os membros sem perder a autonomia das empresas associadas. Além disso, ele ampara a alternância dos cargos diretivos, com a participação dos associados nas decisões fundamentais da rede, visto que todas as empresas podem ter direito a voto. O contrato associativo ainda oferece à rede a vantagem de contar com um número ilimitado de associados, com poucas barreiras de entrada e saída. Baseado nas melhores práticas verificadas entre redes de cooperação bem-sucedidas, o Quadro 13.1, sintetiza algumas orientações de ações que devem ser observadas na elaboração do contrato associativo de uma rede de cooperação.

QUADRO 13.1 Instrumentos contratuais

Instrumentos contratuais	Ações sugeridas
Contrato constitucional	Definir a finalidade da rede de cooperação Estabelecer os direitos e deveres dos associados Estruturar a forma como a rede será administrada Instituir órgãos de administração Estruturar a forma de eleição da diretoria Determinar as regras para a instalação e deliberação de assembleias Estruturar a forma de transferências de propriedade e sucessões
Regulamento interno	Instituir normas gerais de conduta das empresas associadas Estabelecer os procedimentos para a admissão de novos associados Definir o processo de desligamento de associados Estruturar a forma de realização de reuniões e decisões coletivas Gerar espaços e modos para a participação dos associados Estipular as formas de implementação das ações coletivas (compras, vendas, etc.) Constituir os preceitos para parcerias da rede com organizações externas
Código de ética	Instituir os princípios gerais de conduta ética Estabelecer os deveres individuais das empresas participantes Constituir normas de conduta para o relacionamento entre associados Constituir normas de conduta para o relacionamento entre associados e diretores Constituir normas de conduta para o relacionamento entre colaboradores Definir punições para o descumprimento do código de ética Estabelecer os procedimentos para a instauração de um processo ético

No caso de a rede de cooperação preferir não adotar o contrato associativo ou desejar não tornar públicas as relações entre suas empresas, ainda assim alguns instrumentos contratuais deverão ser aplicados para a condução das atividades. Um desses instrumentos é o chamado regulamento ou regimento interno da rede. Diferentemente do contrato associativo, que é público e registrado em cartório, o regulamento interno é um instrumento particular e sigiloso da rede e pode ser alterado em qualquer momento desde que tenha a anuência dos associados. O regulamento não define a organização da rede; sua maior utilidade está em orientar a conduta e os procedimentos das empresas associadas no decorrer das ações coletivas. Em geral, ele contempla as normas de conduta, os procedimentos para admissão e o desligamento de associados e as relações internas da rede.

Por fim, os instrumentos contratuais podem abordar as questões éticas e morais da interação entre os participantes informando o comportamento esperado de cada empresa. Nesse caso, é utilizado o código de ética da rede. O código de ética é adotado para orientar a conduta e os procedimentos dos empresários associados, de seus empregados e até de terceiros que, por ventura, tenham contato com a rede. Tomando como base experiências exitosas, o Quadro 13.1 resume alguns pontos que devem ser considerados no desenvolvimento do regulamento interno e no código de ética da rede.

Instrumentos estratégicos

Os instrumentos estratégicos de gestão das redes de cooperação estão ligados ao conceito de estratégia coletiva, segundo o qual as estratégias adotadas pelas empresas não devem se limitar às ações individuais dos associados, pois há diversas possibilidades de empreender ações colaborativas de curta, média e longa duração e proporcionar ganhos competitivos. Estratégias coletivas são definidas como a formulação conjunta de políticas e a implementação de ações pelos participantes de arranjos colaborativos (ASTLEY, 1984).

A gestão das redes de cooperação lida com a dinâmica da interdependência estratégica entre as empresas. A solução encontrada para isso é a adoção de ferramentas de planejamento estratégico participativo (GRANDORI; SODA, 1995). A única maneira de atender de forma equânime aos anseios dos participantes das redes é definir conjuntamente os objetivos estratégicos. Do contrário, se as empresas não tomarem parte nesse processo não assumirão o comprometimento esperado nas ações exigidas para o alcance dos objetivos. A participação no planejamento estratégico da rede, portanto, motiva e reforça o empenho das empresas, na medida em que elas se identificam com os ganhos a serem buscados a médio e longo prazo.

O planejamento estratégico participativo fortalece a união do grupo, desenvolve uma visão de conjunto entre os participantes e permite traçar objetivos e organizar as ações coletivas para atingi-los. Outra de suas funções é identificar as possibilidades de ação, priorizando-as a curto, médio e longo prazo. A maneira mais adequada de definir que ações serão priorizadas dentre a busca de novos mercados, a agregação de valor, a geração de uma marca forte, o aprimoramento tecnológico, a melhoria de processos e produtos e a resolução de problemas, por exemplo, é chegar ao consenso entre o importante e o absolutamente imprescindível para a consecução dos objetivos almejados.

Se no planejamento estratégico são definidas as diretrizes gerais da rede, num segundo instrumento estratégico, denominado plano de ação, são determinados os elementos necessários para a execução operacional do planejamento. No plano de ação, os objetivos de longo prazo são divididos em metas anuais ou semestrais, as estratégias são subdivididas em ações de curto prazo e os resultados são avaliados por meio de indicadores. Sua implementação exigirá um cronograma, a definição de responsáveis e dos recursos necessários. No plano de ação, a clara e detalhada definição dos indicadores de avaliação, bem como a forma como a rede vai monitorá-los, são relevantes para a atuação dos gestores das redes e para a obtenção de ganhos competitivos.

Para facilitar a execução dos planos de ação e, por conseguinte, do planejamento estratégico, um dos instrumentos mais úteis adotados pelas redes é a chamada equipe de implementação estratégica. Estas equipes são formadas por empresários e representantes das empresas associadas e aliam competências individuais complementares para a realização dos planos estabelecidos. Cada uma dessas equipes assume a responsabilidade por no mínimo um objetivo, organizando seus esforços e os do restante da rede para alcançá-lo. Dessa forma, as equipes estratégicas têm por meta somar competências e conferir agilidade à implementação do planejamento e do plano de ação da rede.

De acordo com os exemplos conhecidos de redes de cooperação, o Quadro 13.2 sintetiza os instrumentos estratégicos e apresenta algumas sugestões de ações para estabelecê-los na gestão das redes de cooperação.

QUADRO 13.2 Instrumentos estratégicos

Instrumentos estratégicos	Ações sugeridas
Planejamento estratégico participativo	Apresentar os conceitos e a contribuição do planejamento estratégico para a rede. Construir uma metodologia de planejamento estratégico levando em conta as especificidades da rede. Realizar as fases do planejamento estratégico de forma coletiva e participativa, gerando um processo de debate e aprendizado. Definir a orientação estratégica da rede, negócios de atuação, princípios e valores. Identificar as principais ameaças e oportunidades para a rede. Identificar os principais pontos fortes e pontos fracos internos à rede. Buscar o consenso nos objetivos estratégicos da rede. Escolher as estratégias para cada um dos objetivos definidos.
Planos de ação	Apresentar os conceitos, a metodologia e a contribuição do plano de ação para a rede. Recuperar as diretrizes gerais do planejamento estratégico, os objetivos e as estratégias de longo prazo. Estabelecer de forma coletiva e participativa, as metas e ações de curto prazo, alinhadas aos objetivos e às estratégias da rede. Definir a prioridade das ações para o alcance das metas de curto prazo. Organizar o cronograma e os recursos necessários à realização das ações. Estabelecer os indicadores para a avaliação dos resultados alcançados pelas ações. Realizar reuniões periódicas para a avaliação da implementação do plano de ação.
Equipes de implementação estratégica	Apresentar a ideia das equipes de implementação estratégica e sua função na rede. Promover a participação dos associados nas equipes. Esclarecer as *expertises* e aptidões necessárias ao trabalho da equipe. Estimular a participação de representantes de diferentes empresas. Definir a composição de cada uma das equipes de implementação estratégica. Estabelecer com os demais membros o método de trabalho da equipe. Estipular coletivamente o cronograma, as atividades e os recursos necessários. Organizar reuniões periódicas de avaliação das atividades.

Instrumentos de tomada de decisão

As redes de cooperação caracterizam-se por relações equilibradas e pela automotivação dos envolvidos, que agem impulsionados por interesses individuais e coletivos. Essa interação entre os participantes rompe com o modelo centralizador de decisão, visto que a lógica da decisão reside não mais em um único indivíduo, mas no conjunto estabelecido pelos associados. Os instrumentos de tomada de decisão presentes nas redes de cooperação priorizam então o suporte à participação aberta, estimulando a descentralização e o envolvimento dos associados.

Como destacado na literatura sobre redes, seus participantes têm direitos, mas também responsabilidades. Os direitos incluem participação nas decisões. Uma rede não pode ser vendida, encerrada ou mesmo anexada a outra empresa contra a vontade de seus associados e sem que eles sejam consultados. Portanto, a tomada de uma decisão que afete estruturalmente uma rede de cooperação requer o amplo consentimento de seus associados.

A tomada de decisão pelos gestores, assim como ocorre nas empresas individuais, pode determinar o sucesso ou o fracasso de uma rede de cooperação. Por isso, são estabelecidos instrumentos de tomada de decisão que procuram minimizar as divergências de interesses entre as empresas envolvidas e, principalmente, entre estas e os gestores da rede.

Para lidar com essas questões, um dos instrumentos de tomada de decisão mais frequentes nas redes de cooperação, é a instituição de um conselho de administração para acompanhar, controlar e avaliar o desempenho dos associados e dos gestores da rede. Os conselhos das redes de cooperação são compostos por empresários e representantes das empresas escolhidos pelo conjunto de associados, desde que não tenham assumido outra função de decisão na rede. Reúnem-se ordinária ou extraordinariamente para apreciar as contas, os balancetes, o balanço geral e outros demonstrativos de resultado. Além disso, são responsáveis por emitir pareceres sobre a gestão e a recomendação de providências que sejam necessárias para sanar as irregularidades ou melhorar as ações desenvolvidas pela rede.

Nas redes de cooperação, em geral não há direitos de propriedade em cotas ou ações. Os direitos de propriedade dos associados estão ligados à sua empresa e não à rede. Dessa maneira, a motivação do representante da empresa associada em acompanhar, controlar e avaliar o desempenho do gestor da rede tem uma relevância menor em relação às grandes empresas de capital aberto, por exemplo. Como resultado, os conselhos de administração das redes, são, em geral, menos atuantes, e, por isso, não são o único ou o mais importante instrumento de decisão colegiada.

Nesse sentido, um segundo instrumento para a tomada de decisões relevantes em colegiado é a reunião geral de associados, conhecida também como assembleia da rede. Nela, os representantes de todas as empresas são convocados para discutir e deliberar sobre o andamento das ações referentes aos objetivos que a rede almeja alcançar. A reunião geral de associados tem outras funções. Ela monitora a implementação das estratégias e a consecução dos objetivos, por meio da avaliação comparativa entre os indicadores e os resultados alcançados pela rede. É importante que essas decisões sejam tomadas com a participação dos associados, pois só assim a rede de cooperação exercerá efetivamente seu maior diferencial competitivo: a capacidade e a sinergia do grupo na busca de objetivos comuns. Além do mais, as decisões tomadas em assembleia devem ser assumidas por todas as empresas envolvidas, ainda que ausentes ou discordantes, prezando pela busca constante do consenso e evitando votações que desunam o grupo de associados.

No que diz respeito às decisões operacionais, exemplos de redes bem-sucedidas demonstram que elas não devem ser deliberadas na reunião geral de associados. Normalmente as redes estabelecem um órgão decisório operacional com poderes para tomar as decisões relativas às atividades rotineiras. Denominado diretoria da rede, esse órgão é composto por representantes escolhidos entre as empresas associadas que, na maioria das vezes, recebem o suporte de assessores contratados. Nesse caso, é salientada a importância da renovação periódica dos membros participantes para impedir que alguns representantes se estabeleçam por longos períodos na diretoria da rede, o que pode comprometer o preceito da ampla participação na gestão.

O Quadro 13.3 (pág. 164) resume a discussão até aqui realizada a respeito dos instrumentos de tomada de decisão das redes de cooperação. Nele são apresentadas algumas ações que devem ser consideradas para a constituição da diretoria e do conselho de administração da rede, bem como sugestões para organizar e realizar a reunião geral de associados.

Instrumentos de integração

Além dos instrumentos formais de gestão das redes, é imprescindível também promover e manter o bom relacionamento entre as individualidades participantes. Assim, os instrumentos de integração desempenham um papel relevante, servindo como o suporte das ações em conjunto. Os instrumentos de integração buscam fortalecer as relações e equilibrar empresas interdependentes para que configurem uma entidade organizacional sinérgica. Ao lado dos demais instrumentos de gestão, eles potencializam

QUADRO 13.3 Instrumentos de tomada de decisão

Instrumentos de tomada de decisão	Ações sugeridas
Conselho de administração	Instituir contratualmente a forma de composição dos membros do conselho. Elaborar o cronograma anual das reuniões do conselho de administração. Organizar os assuntos que serão tratados na reunião do conselho. Definir o momento de apresentação de atividades e resultados dos gestores. Definir o momento de apresentação de atividades e resultados da diretoria. Estabelecer o prazo para a tomada de decisões e deliberações do conselho. Elaborar a ata de decisões do conselho de administração de cada reunião.
Reunião geral dos associados (assembleia)	Organizar um cronograma anual das reuniões ordinárias da rede. Convocar reuniões extraordinárias com a devida antecedência. Definir claramente o horário de início e, principalmente, o horário de finalização. Estruturar o local para que seja adequado às discussões entre os associados. Organizar os assuntos que serão previamente elencados na pauta da reunião. Estabelecer um quórum mínimo para as decisões. Coletar a assinatura de todos os representantes das empresas presentes na reunião. Recuperar os objetivos contidos no planejamento e no plano de ação da rede. Definir o momento de apresentação de resultados das equipes de implementação. Definir o momento de apresentação de atividades da diretoria da rede. Abrir espaços para a participação efetiva dos associados da rede. Estimular debates que contribuam e enriqueçam as ações estratégicas da rede. Fazer a mediação dos conflitos sem gerar barreiras à participação. Elaborar e distribuir o relatório das reuniões com as decisões tomadas.
Diretoria da rede	Estruturar as funções de cada membro da diretoria (financeiro, marketing, etc.). Instituir contratualmente a forma de composição dos membros da diretoria. Tomar as providências necessárias para uma boa gestão de receitas e despesas. Implementar as disposições contratuais e as decisões das assembleias. Zelar pelo cumprimento do regulamento interno. Resolver questões operacionais que visem ao ganho coletivo. Elaborar o orçamento do exercício anual. Apresentar à assembleia e ao conselho a prestação de contas de sua gestão.

a interação entre os associados e possibilitam o empreendimento de ações colaborativas complexas. Uma de suas principais funções é alinhar valores, visões e práticas, a fim de tornar as empresas capazes de alinhar os interesses individuais aos coletivos.

O primeiro dos instrumentos de integração atua no plano operacional, junto aos funcionários das empresas, buscando uma maior integração das práticas adotadas. O segundo opera no plano estratégico, gerando um espaço de socialização e integração de conhecimentos e visões. Por fim, o terceiro age no plano afetivo dos participantes, procurando aproximar os valores compartilhados na rede, nas empresas e nas famílias dos empresários associados.

O primeiro desses instrumentos ocorre principalmente por meio da organização de eventos entre as empresas participantes de uma rede de cooperação. Seu objetivo consiste em desenvolver uma maior aproximação, interação e motivação entre os responsáveis pela implementação das ações coletivas – os funcionários de cada uma das empresas associadas. Nesse tipo de encontro, são realizadas palestras sobre temas de interesse geral e são proporcionados momentos de integração e confraternização entre os participantes.

Tais encontros são úteis para demonstrar os benefícios, as ações realizadas, os resultados alcançados, os planos futuros e, principalmente, a importância do envolvimento de todos os funcionários para o sucesso da rede. Paralelamente, são necessários espaços para a capacitação desses funcionários. As capacitações podem ficar a cargo da própria rede, a partir do *know-how* existente ou desenvolvido em cada empresa. Há muitos casos em que empresas parceiras da rede têm interesse na melhor utilização de seus produtos (prática adotada por muitos fornecedores do varejo) e oferecem o treinamento. A capacitação também pode ser realizada por profissionais especialmente contratados para trazer um novo conhecimento ainda não dominado pelas empresas da rede.

O segundo instrumento de integração centra-se na promoção de encontros entre os empresários. É importante que a rede realize ao menos um encontro anual entre seus associados. Nesse evento são discutidas, de maneira bastante informal, as questões de interesse geral das empresas. O objetivo é fomentar a socialização das melhores práticas desenvolvidas na rede e incentivar o surgimento de novas ideias. Portanto, devem ser evitados assuntos particulares ou questões pontuais que possam ser resolvidas em outros fóruns. Devido a seu foco eminentemente empresarial, é comum ocorrerem palestras com especialistas sobre assuntos ligados aos negócios da rede, no sentido de ampliar a visão dos envolvidos e gerar melhores condições para a elaboração de estratégias de longo prazo.

O terceiro instrumento de interação visa a desenvolver uma maior afinidade e conivência entre empresários e familiares com a rede como um todo. O objetivo é reunir os empresários participantes e suas famílias para que possam conviver e quebrar barreiras de comunicação. Mesmo que os participantes da rede já se conheçam desde o princípio de sua formação, a integração de familiares e afins fortalece sua interação e mantêm fortalecidos os valores que regem tanto as famílias quanto as redes e suas associadas. Esse encontro envolve pessoas que estão normalmente ausentes no dia a dia da rede e que, por esse motivo, podem estar desatualizados sobre os assuntos e as motivações das decisões tomadas.

Há, por fim, um quarto instrumento de integração, cujo propósito é fortalecer as relações da rede com seu entorno. Exemplos como ações de responsabilidade social aproximam as empresas das questões de desenvolvimento comunitário, legitimando-as como organizações que interagem com seu contexto. Como geralmente uma rede de cooperação tem maior possibilidade de mobilizar recursos, espera-se que as empresas organizadas

QUADRO 13.4 Instrumentos de integração

Instrumentos de integração	Ações sugeridas
Integração entre os empregados das empresas associadas	Apresentar a ideia do evento e sua relevância para a coordenação da rede. Definir coletivamente as características gerais do evento. Instituir a comissão organizadora entre os colaboradores das empresas. Definir com a comissão a programação do evento (data, local, duração, etc.). Organizar os recursos necessários para a realização do evento. Elaborar o orçamento do evento para estabelecer parcerias e apoios. Distribuir as atividades de organização entre os membros da comissão. Realizar o evento, priorizando o compartilhamento das melhores práticas. Avaliar o evento e solicitar sugestões para o próximo evento.
Integração entre os empresários associados	Apresentar a ideia do encontro e sua relevância para a coordenação da rede. Definir coletivamente o tipo de encontro (seminário, feira, convenção). Instituir a comissão organizadora entre os próprios empresários associados. Organizar os recursos e o orçamento necessários à realização do encontro. Distribuir as atividades de organização entre os membros da comissão. Realizar o encontro, priorizando as discussões estratégicas sobre a rede. Evitar assuntos sobre insatisfações específicas ou questões pontuais. Promover palestras com especialistas e sobre assuntos ligados aos negócios da rede. Avaliar o encontro e solicitar sugestões para o próximo evento.
Integração entre as famílias dos empresários associados	Apresentar a ideia da integração e sua relevância para a coordenação da rede. Organizar os recursos e o orçamento necessários à realização do encontro. Avaliar a possibilidade da contratação de profissionais para a organização. Realizar o encontro, facilitando a quebra das barreiras de comunicação. Promover a integração, salientando a relevância da participação dos familiares. Evitar assuntos específicos, deixando-os para outros fóruns mais pontuais. Avaliar o encontro e solicitar aos familiares sugestões para o próximo evento.
Integração da rede com seu entorno	Analisar junto aos associados a inserção social da rede. Identificar as principais necessidades sociais do entorno da rede. Avaliar as possibilidades de ações mais adequadas e de maior impacto social. Aproximar parceiros que possam apoiar o desenvolvimento das atividades. Elaborar um plano de atuação em conjunto da rede e de seus parceiros. Organizar o cronograma e os recursos necessários à realização das ações. Delinear as principais atividades e como cada associado poderá se envolver. Estimular o comprometimento dos empresários com as atividades programadas. Realizar reuniões para avaliar os resultados e propor melhorias para novas ações.

em rede executem ações de responsabilidade social de maior vulto e impacto para as comunidades beneficiadas.

No Quadro 13.4 são apresentadas algumas sugestões de como os instrumentos de integração podem ser desenvolvidos para a melhor gestão das redes de cooperação.

Mas o conhecimento sobre a gestão de redes é pouco disseminado e, por isso, dificuldades para realizar os ganhos proporcionados pela cooperação são recorrentes, como demonstra o caso de construtora Cyrela, descrito no Box 13.1.

BOX 13.1
CYRELA E AS DIFICULDADES DE GESTÃO DE UMA REDE DE CONSTRUTORAS

Acostumado a jornadas de trabalho que chegam a 16 horas por dia, o empresário Elie Horn, controlador e presidente da construtora Cyrela, acrescentou um novo compromisso à sua agenda neste ano. Desde janeiro, Horn passou a se encontrar uma vez por semana, na sede da companhia, em São Paulo, com os engenheiros Rogério Raabe e Antônio Zorzi para acompanhar os indicadores de eficiência de seus 200 canteiros de obra espalhados pelo país. Até 2010, havia um bom motivo para esses encontros não acontecerem: muitos dos indicadores nem sequer existiam. As informações sobre o andamento das obras estavam, em grande medida, dispersas nas mãos de 11 parceiros regionais, que concentravam cerca de 80% das obras da Cyrela. Fazer parcerias com construtoras regionais foi a estratégia de expansão usada pela construtora de Elie Horn após a abertura de capital, em 2005.

A aceleração do crescimento dos negócios nesses moldes, porém, rapidamente mostrou seu preço. Cada parceiro compilava os dados de suas obras conforme critérios próprios, fazendo com que Horn e seus executivos ficassem no escuro num momento decisivo para a Cyrela e para o mercado imobiliário brasileiro. Entre 2005, ano do IPO, e 2010 as receitas da empresa foram multiplicadas por 7, alcançando 4,8 bilhões de reais – nesse ritmo, o que parecia ser apenas descontrole se transformou num buraco considerável. No ano passado, os custos das obras estouraram em cerca de 533 milhões de reais, ajudando a derrubar o lucro previsto de 800 milhões para 600 milhões de reais no período.

A entrega dos imóveis começou a atrasar. Na Bahia, por exemplo, onde a parceria da Cyrela com um sócio local enfrentou os maiores contratempos, os cronogramas de dois dos oito canteiros estão atrasados em seis meses. "Quando percebemos que o orçamento e o custo das obras não iam bater, já não dava mais tempo de tomar medidas para reverter", diz Ubirajara Spessotto, diretor-geral da Cyrela. "Não foi culpa do mercado nem da economia. Fomos nós que erramos."

Feita a constatação, a Cyrela colocou em marcha um plano para tentar reverter a situação. Entre julho de 2010 e julho deste ano, todas as parcerias realizadas fora de São Paulo – em Minas Gerais, na Bahia e em Buenos Aires, na Argentina – foram desfeitas. Restaram quatro, todas em São Paulo, que poderiam ser acompanhadas de perto. Na maioria dos casos de rompimento, a Cyrela comprou a fatia do sócio local, de modo a manter sua atuação nas 67 cidades em que operava. Essa foi a solução adotada inclusive no empreendimento Le Parc, em Salvador, um enorme condomínio com 18 torres e 1.138 apartamentos. Segundo EXAME apurou, o estouro dos orçamentos previstos na construção do Le Parc chegou a 80 milhões de reais, e os engenheiros que trabalharam na obra relatam até furto de material por operários. Em julho, a Cyrela comprou os 20% da sócia baiana, a construtora Andrade Mendonça, por 10 milhões de reais, e assumiu integralmente as obras. O desmanche das parcerias foi acompanhado pela decisão de implantar no restante do país os padrões de produção que a Cyrela mantém em São Paulo. Cerca de 10% dos engenheiros com mais tempo de casa foram transferidos para outras regiões a fim de encabeçar uma espécie de "intercâmbio cultural".

Fonte: Oscar (2011).

Para finalizá-lo, retomamos uma vez mais o esquema que ilustra as principais condições para o estabelecimento das redes de cooperação. A Figura 13.1 apresenta uma síntese dos elementos que poderão orientar os gestores a construir, desenvolver e gerenciar redes de cooperação.

Os instrumentos e as ações sugeridas neste capítulo, evidentemente, não esgotam todas as possibilidades de gestão das redes de cooperação.

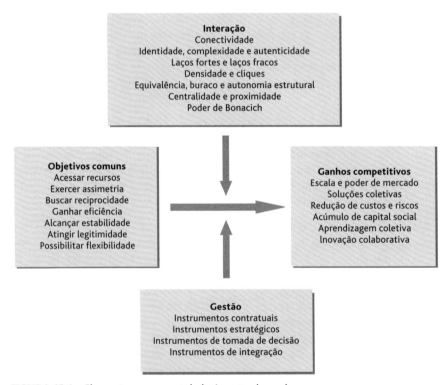

FIGURA 13.1 Elementos para o estabelecimento das redes.

Diariamente, gestores de redes de cooperação desenvolvem soluções e práticas gerenciais que aprimoram a interação e o alcance dos objetivos coletivos (ANTUNES; BALESTRIN; VERSCHOORE, 2010). Mas estes instrumentos e avanços terão pouca utilidade se não forem acompanhados e avaliados pelos gestores e empresários associados.

Referências

ADAMI, V. S. *Implicações das propriedades estruturais de redes para o gerenciamento e desempenho de projetos interorganizacionais de geração de energia eólica*. 2015. 220 f. Tese (Doutorado em Administração) – Universidade do Vale do Rio dos Sinos, São Leopoldo, 2015.

AHUJA, G. Collaboration networks, structural holes, and innovation: a longitudinal study. *Administrative Science Quarterly*, v. 45, n. 3, p. 425-455, 2000.

AMIT, R.; SCHOEMAKER, P. J. H. Strategic assets and organizational rent. *Strategic Management Journal*, v. 14, n. 1, p. 33-46, 1993.

ANTUNES, J.; BALESTRIN, A.; VERSCHOORE, J. R. (Org.). *Práticas de gestão de redes de cooperação*. São Leopoldo: UNISINOS, 2010.

ARANHA, C. A empresa saiu da concha. *Revista Exame*, 8 maio 2008. Disponível em: <http://exame.abril.com.br/revista-exame-pme/edicoes/13/noticias/a-empresa-saiu-da-concha-m0158959>. Acesso em 11 jan. 2016.

ASTLEY, W. G. Toward an appreciation of collective strategy. *Academy of Management Review*, v. 9, n. 3, p. 526-535, 1984.

ASTLEY, W. G.; FOMBRUN, C. J. Collective strategy: social ecology of organizational environments. *Academy of Management Review*, v. 8, n. 4, p. 576-587, 1983.

AXELROD, R. *The evolution of cooperation*. London: Penguin Books, 1984.

BAKER, G.; GIBBONS, R.; MURPHY, K. J. Relational contracts and the theory of the firm. *Quarterly Journal of Economics*, v. 117, n. 1, p. 39-84, 2002.

BAKER, W. E. The network organization in theory and practice. In: NOHRIA, N.; ECCLES, R. G. *Networks and organizations*: structure, form, and action. Cambridge: Harvard University, 1994.

BALESTRIN, A. *A dinâmica da complementaridade de conhecimentos no contexto das redes interorganizacionais*. 2005. 214 f. Tese (Doutorado em Administração) – Programa de Pós-Graduação em Administração (PPGA), Universidade Federal do Rio Grande do Sul, Porto Alegre, 2005.

BALESTRIN, A.; VARGAS, L. M. A dimensão estratégica das redes horizontais de PMEs: teorizações e evidências. *Revista de Administração Contemporânea*, v. 8, n. spe, p. 203-227, 2004.

BALESTRIN, A.; VARGAS, L. M.; FAYARD, P. Knowledge creation in small-firm network. *Journal of Knowledge Management*, v. 12, n. 2, p. 94-106, 2008.

BALESTRIN, A.; VERSCHOORE, J. R. Aprendizagem e inovação no contexto das redes de cooperação entre pequenas e médias empresas. *Organizações & Sociedade*, v. 17, n. 53, p. 311-330, 2010.

BALESTRIN, A.; VERSCHOORE, J. R.; REYES JUNIOR, E. O campo de estudo sobre redes de cooperação interorganizacional no Brasil. *Revista de Administração Contemporânea*, v. 14, n. 3, p. 459-477, 2010.

BALESTRO, M. V. Características estruturais e mecanismos de governança em redes de cooperação: apontamentos conceituais. In: VERSCHOORE, J. R. *Redes de cooperação*: uma nova organização de pequenas e médias empresas no Rio Grande do Sul. Porto Alegre: FEE, 2004.

BARABÁSI, A.-L. *Linked*: how everything is connected to everything and what it means for business, science and everyday life. Cambridge: Plume, 2003.

BARNARD, C. I. *As funções do executivo.* São Paulo: Atlas, 1971.

BARNES, B. Disney and Pixar: the power of the prenup. *New York Times*, 1 June 2008. Disponível em: <http://www.nytimes.com/2008/06/01/business/media/01pixar.html?scp=2&sq=disney&st=nyt&_r=1>. Acesso em: 11 jan. 2016.

BARNEY, J. Firm resources and sustained competitive advantage. *Journal of Management*, v. 17, n. 1, p. 99-120, Mar. 1991.

BERNI, D. de A. *Teoria dos jogos*: jogos de estratégia, estratégia decisória, teoria da decisão. Rio de Janeiro: Reichmann & Affonso, 2004.

BERTHON, P. R. et al. When customers get clever: managerial approaches to dealing with creative consumers. *Business Horizons*, v. 50, n. 1, p. 39-47, 2007.

BEST, M. H. *The new competition. institutions of industrial restructuring.* Cambridge: Polity, 1990.

BETTIS, R. A.; HITT, M. A. The new competitive landscape. *Strategic Management Journal*, v. 16, n. S1, p. 7-20, 1995.

BIRKINSHAW, J.; NOBEL, R.; RIDDERSTRÅLE, J. Knowledge as a contingency variable: do the characteristics of knowledge predict organization structure? *Organization Science*, v. 13, n. 3, p. 274-289, 2002.

BÖHE, D. M.; SILVA, K. M. O dilema de crescimento em redes de cooperação: o caso da Panimel. In: VERSCHOORE, J. R. *Redes de cooperação*: uma nova organização de pequenas e médias empresas no Rio Grande do Sul. Porto Alegre: FEE, 2004.

BONACICH, P. Power and centrality: a family of measures. *American Journal of Sociology*, v. 92, n. 5, p. 1170-1182, 1987.

BORGATTI, S. P.; FOSTER, P. C. The network paradigm in organizational research: a review and typology. *Journal of Management*, v. 29, n. 6, p. 991-1013, 2003.

BOVET, D.; MARTHA, J. *Redes de valor.* aumente os lucros pelo o uso da tecnologia da informação na cadeia de valor. São Paulo: Negócio, 2001.

BRAND, F. C. *A influência de propriedades estruturais e relacionais da rede social e de características cognitivas na transferência de conhecimentos*: estudo em uma rede de cooperação. 2016. 190 f. Tese (Doutorado) – UNISINOS, São Leopoldo, 2016.

BRANDENBURGER, A. M.; NALEBUFF, B. The right game: use game theory to shape strategy. *Harvard Business Review,*1995.

BRASS, D. et al. Taking stock of networks and organizations: a multilevel perspective. *Academy of Management Journal*, v. 47, n. 6, p. 795-817, 2004.

BUENO, B.; BALESTRIN, A. Inovação colaborativa: uma abordagem aberta no desenvolvimento de novos produtos. *RAE: Revista de Administração de Empresas*, v. 52, n. 5, p. 517-530, 2012.

BURT, R. *Structural holes: the social structure of competition.* Cambridge: Harvard Business, 1992.

CAMARGOS, D. Novo ânimo para o Mickey. *Revista Exame*, 15 maio 2008. Disponível em: <http://exame.abril.com.br/revista-exame/edicoes/918/noticias/novo-animo-para-o-mickey-m0159327>. Acesso em: 11 jan. 2016.

CASSON, M.; COX, H. An economic model of inter-firm networks. In: EBERS, M. *The information of inter-organizational networks*. Oxford: Oxford University, 1997.

CASTELLS, M. *A galáxia da internet*. Rio de Janeiro: Zahar, 2003.

CASTELLS, M. *A sociedade em rede*. São Paulo: Paz e Terra, 1999.

CHANDLER, A. D. Desenvolvimento, diversificação e descentralização. In: MCGRAW, T. K. *Alfred Chandler*: ensaios para uma teoria histórica da grande empresa. Rio de Janeiro: Fundação Getúlio Vargas, 1998a.

CHANDLER, A. D. Estradas de ferro: pioneiras da moderna administração de empresas. In: MCGRAW, T. K. *Alfred Chandler*: ensaios para uma teoria histórica da grande empresa. Rio de Janeiro: Fundação Getúlio Vargas, 1998b.

CHANDLER, A. D. *The visible hand*: the managerial revolution in American business. Cambridge: Belknap, 1977.

CHESBROUGH, H. W. *Open innovation*: the new imperative for creating and profiting from technology. Boston: Harvard Business School, 2003a.

CHESBROUGH, H. W. The era of open innovation. *MIT: Sloan Management Review*, v. 30, n. 3, p. 34-41, 2003b.

CHILD, J.; FAULKNER, D.; TALLMAN, S. *Cooperative strategy*: managing alliances, networks and joint ventures. Oxford: Oxford University, 2005.

CLARK, K. B.; WHEELWRIGHT, S. C. *Managing new product and process development*: text and cases. New York: Free, 1993.

COHEN, W. M.; LEVINTHAL, D. Absorptive capacity: a new perspective on learning and innovation. *Administrative Science Quarterly*, v. 35, n. 1, p. 128-152, 1990.

COLEMAN, J. S. *Foundations of social theory*. Cambridge: Harvard University, 1990.

COOPER, R. G. Stage-gate systems: a new tool for managing new products. *Business Horizons*, v. 33, n. 3, p. 44-54, 1990.

CUMMINGS, J. L.; HOLMBERG, S. R. Best-fit alliance partners: the use of critical success factors in a comprehensive partner selection process. *Long Range Plan*, v. 45, n. 2-3, p. 136-159, 2012.

DEBRESSON, C. *Understanding technological change*. Montreal: Black Rose Books, 1997.

DIMAGGIO, P.; POWELL, W. The iron cage revisited: institutional isomorphism and collective rationality in organizational fields. *American Sociological Review*, v. 48, n. 2, p. 147-160, 1983.

DODGSON, M.; GANN, D.; SALTER, A. The role of technology in the shift towards open innovation: the case of Procter & Gamble. *R&D Management*, v. 36, n. 3, p. 333-346, 2006.

DOSI, G. The nature of the innovative process. In: DOSI, G. et al. (Ed.). *Technical change and economic theory*. London: Pinter, 1988.

DOSI, G.; TEECE, D.; WINTER, S. Toward a theory of corporate coherence: preliminary remarks. In: DOSI, G.; GIANNETTI, R.; TONINELLI, P. M. (Ed.) *Technology and enterprise in a historical perspective*. Oxford: Clarendon, 1992.

DOZ, Y. L; HAMEL, G. *Alliance Advantage*: the art of creating value through partnering. Boston: Harvard Business School, 1998.

DUARTE, G. Gaúchos descobrem o potencial da floricultura. *Correio do Povo*, ano 116, n. 3, 3 out. 2010. Disponível em: <http://www.correiodopovo.com.br/Impresso/?Ano=116&Numero=3&Caderno=11&Noticia=204323>. Acesso em: 13 jan. 2016.

DUNNING, J. H. *Alliance capitalism and global business*. London: Routledge, 1997.

DUNNING, J. H. Reappraising the eclectic paradigm in an age of alliance capitalism. In: COLOMBO, M. G. *The changing boundaries of the firm*: explaining evolving inter-firm relations. London: Routledge, 1998.

DYER, J. H.; HATCH, N. W. Using supplier networks to learn faster. *MIT: Sloan Management Review*, v. 45, n. 3, p. 57-63, 2004.

EBERS, M.; JARILLO, J. C. The construction, forms, and consequences of industry networks. *International Studies of Management e Organization*, v. 27, n. 4, p. 3-21, 1998.

ECCLES, R. G. The quasi-firm in the construction industry. *Journal of Economic Behavior & Organizations*, v. 2, n. 4, p. 335-357, 1981.

ENKEL, E.; GASSMANN, O.; CHESBROUGH, H. Open R&D and open innovation: exploring the phenomenon. *R & D Management*, v. 39, n. 4, p. 311-316, 2009.

ETTIGHOFFER, D. *A empresa virtual*. Lisboa: Instituto Piaget, 1992.

FAYARD, P. *Le réveil du samouraï*: culture et stratégie japonaises dans la société de la connaissance. Paris: Dunod, 2006.

FAYARD, P. *O jogo da interação*: informação e comunicação em estratégia. Caxias do Sul: EDUCS, 2000.

FOMBRUN, C. J. Strategies for network research in organizations. *Academy of Management Review*, v. 7, n. 2, p. 280-291, 1982.

FREEMAN, C.; PEREZ, C. Structural crises of adjustment. In: DOSI, G. et al. (Ed.). *Technical change and economic theory*. London: Pinter, 1988.

GARCÍA, S.; RIERA, S. Centrales de compra: cómo la moda deportiva lleva las marcas estrella a las tiendas de barrio. *Modaes.es*, 10. nov. 2014. Disponível em: <http://www.modaes.es/back-stage/20141110/centrales-de-compra-como-la-moda-deportiva-lleva-las-marcas-estrella-a-las-tiendas-de-barrio.html>. Acesso em: 11 jan. 2016.

GRUPO DE ESTUDOS SOBRE REDES INTERORGANIZACIONAIS. *Relatório técnico do convênio redes de cooperação* n. 001/2012: PRC/DAMEPP/SESAMPE. São Leopoldo: UNISINOS, 2013. Documento de acesso restrito.

GHOSHAL, S.; MORAN, P. Bad for practice: a critique of the transaction cost theory. *Academy of Management Review*, v. 21, n. 1, p. 13-47, 1996.

GOULD, R. V.; FERNANDEZ, R. M. Structures of mediation: a formal approach to brokerage in transaction networks. *Sociological Methodology*, v. 19, p. 89-126, 1989.

GRANDORI, A. An organizational assessment of interfirm coordination modes. *Organization Studies*, v. 18, n. 6, p. 897-925, Nov. 1997.

GRANDORI, A.; SODA, G. Inter-firm networks: antecedents, mechanisms and forms. *Organization Studies*, v. 16, n. 2, p. 183-214, 1995.

GRANOVETTER, M. Economic action and social structure: the problem of embeddedness. *American Journal of Sociology*, v. 91, n. 3, p. 481-510, Nov. 1985.

GRANOVETTER, M. The strength of weak ties. *American Journal of Sociology*, v. 78, n. 6, p. 1360-1380, 1973.

GUERRA, C. Marca Zara está envolvida em denúncia de trabalho escravo. *Veja*, 17 ago. 2011. Disponível em: <http://veja.abril.com.br/noticia/economia/trabalho-escravo--encontrado-na-rede-da-zara/>. Acesso em: 11 jan. 2016.

GULATI, R. Alliances and networks. *Strategic Management Journal*, v. 19, n. 4, p. 293-317, 1998.

GULATI, R.; GARGIULO, M. Where do interorganizational networks come from? *American Journal of Sociology*, v. 104, n. 5, p. 1439-1493, 1999.

GULATI, R.; NOHRIA, N.; ZAHEER, A. Strategic networks. *Strategic Management Journal*, v. 21, n. 3, p. 203-215, 2000.

HAGE, J.; HOLLINGSWORTH, J. R. A strategy for the analysis of idea innovation networks and institutions. *Organization Studies*, v. 21, n. 5, p. 971-1004, 2000.

HÅKANSSON, H.; SNEHOTA, I. No Business is an Island: The network concept of business strategy. *Scandinavian Journal of Management*, v. 22, n. 3, p. 256-270, 2006.

HALL, R. The strategic analysis of intangible resources. *Strategic Management Journal*, v. 13, n. 2, p. 135-144, 1992.

HAMEL, G. *Leading the revolution*. Boston: Harvard Business School, 2000.

HAMM, S. Big blue's global lab. *Bloomberg Business*, 27 Aug. 2009. Disponível em: <http://www.bloomberg.com/bw/magazine/content/09_36/b4145040683083.htm>. Acesso em: 11 jan. 2016.

HUMAN, S. E.; PROVAN, K. G. An emergent theory of structure and outcomes in small-firm strategic manufacturing network. *Academy of Management Journal*, v. 40, n. 2, p. 368-403, 1997.

IGA. *Site*. Chicago: IGA, c2016. Disponível em: <http://www.iga.com/consumer/default.aspx>. Acesso em: 15 jan. 2016.

IGA COCA-COLA INSTITUTE. *Site*. Chicago: IGA, c2004. Disponível em: <http://www.igainstitute.com>. Acesso em: 15 jan. 2016.

JARILLO, J. C. On strategic networks. *Strategic Management Journal*, v. 9, n. 1, p. 31-41, 1988.

JARILLO, J. C. *Strategic networks*: creating the borderless organization. Oxford: Butterwoth-Heinemann, 1993.

JONES, C.; HESTERLY, W. S.; BORGATTI, S. P. A general theory of network governance: exchange conditions and social mechanisms. *Academy of Management Review*, v. 22, n. 4, p. 911-945, 1997.

JULIANBOOT. *Apple's Long Tail*. [S. l.: s. n.], 2012. Disponível em: < http://julianboot.com/2012/06/apples-long-tail/>. Acesso em: 18 jan. 2016.

KALE, P; SINGH, H. Managing strategic alliances: what do we know now, and where do we go from here? *Academy of Management Perspectives*, v. 23, n. 3, p. 45-62, 2009.

KANTER, R. M. *Quando os gigantes aprendem a dançar*: dominando os desafios de estratégias, gestão e carreiras nos anos 90. Rio de Janeiro: Campus, 1997.

KILDUFF, M.; TSAI, W. Social networks and organizations. Oaks: SAGE, 2003.

KIRKELS, Y.; DUYSTERS, G. Brokerage in SME networks. *Research Policy*, v. 39, n. 3, p. 375-385, 2010.

KROLL, L.; DOLAN, K. A. The richest people on the planet 2015. *Forbes*, 3 fev. 2015. Disponível em: <http://www.forbes.com/billionaires/>. Acesso em: 11 jan. 2016.

KUSHIMA, A.; BULGACOV, S. Estratégia e relações em arranjos produtivos e seus efeitos sobre as cadeias de valores: o consórcio de Maringá e o projeto setorial integrado de Apucarana. *Organizações & Sociedade*, v. 13, n. 37, p. 87-107, 2006.

LANE, P. J.; KOKA, B. R.; PATHAK, S. The reification of absorptive capacity: a critical review and rejuvenation of the construct. *Academy of Management Review*, v. 31, n. 4, p. 833-863, 2006.

LANE, P. J.; LUBATKIN, M. Relative absorptive capacity and interorganizational learning. *Strategic Management Journal*, v. 19, n. 5, p. 461-477, 1998.

LANIADO, R. N.; BAIARDI, A. A contribuição das redes na formação da cooperação empresarial: um estudo de caso. *Organizações & Sociedade*, v. 10, n. 27, p. 61-74, 2003.

LAZZARINI, S. G.; JOAQUIM, T. A. Z. A formação de constelações: o caso da indústria global de transporte aéreo. *RAE: Revista de Administração de Empresas*, v. 44, n. 2, p. 11-25, 2004.

LIM, K. The many faces of absorptive capacity: spillovers of copper interconnect technology for semiconductor chips. *Industrial and Corporate Change*, v. 18, n. 6, p. 1249-1284, 2009.

LOPES, F. D.; BALDI, M. Laços sociais e formação de arranjos organizacionais cooperativos: proposição de um modelo de análise. *Revista de Administração Contemporânea*, v. 9, n. 2, p. 81-101, 2005.

LORENZONI, G.; BADEN-FULLER, C. Creating a strategic center to manage a web of partners. *California Management Review*, v. 37, n. 3, p. 146-163, 1995.

LORES, R. J. Mais rico que Benetton, Armani, Prada... *Veja*, 14 maio 2003. Disponível em: <http://veja.abril.com.br/140503/p_066.html>. Acesso em: 11 jan. 2016.

MACADAR, B. M. A experiência exportadora da associação dos fabricantes de estofados e móveis complementares. In: VERSCHOORE, J. R. *Redes de cooperação*: uma nova organização de pequenas e médias empresas no Rio Grande do Sul. Porto Alegre: FEE, 2004.

MACHADO-DA-SILVA, C. L.; COSER, C. Rede de relações interorganizacionais no campo organizacional de Videira-SC. *Revista de Administração Contemporânea*, v. 10, n. 4, p. 9-45, 2006.

MADHOK, A.; TALLMAN, S. B. Resources, transactions and rents: managing value through interfirm collaborative relationships. *Organization Science*, v. 9, n. 3, p. 326-339, 1998.

MAGALHÃES-RUETHER, G. Usinas solares e eólicas no Saara vão abastecer até 20% da Europa. *O Globo*, 10 jan. 2012. Disponível em: <http://oglobo.globo.com/sociedade/ciencia/usinas-solares-eolicas-no-saara-vao-abastecer-ate-20-da-europa-3629037>. Acesso em: 12 jan. 2016.

MARCON, C. M.; MOINET, N. *La Stratégie-réseau*. Paris: Zéro Heure, 2000.

MENDES-DA-SIVA, W.; ONUSIC, L.; GIGLIO, E. Rede de pesquisadores de finanças no Brasil: um mundo pequeno feito por poucos. *RAC: Revista de Administração Contemporânea*, v. 17, n. 6, p. 739-763, 2013.

MILES, R. E.; SNOW, C. C. Organizations: new concepts for new forms. *California Management Review*, v. 28, n. 3, p. 62-73, 1986.

MINTZBERG, H.; AHLSTRAND, B.; LAMPEL, J. *Safari de estratégia*: um roteiro pela selva do planejamento estratégico. Porto Alegre: Bookman, 2000.

MITCHELL, C. J. The concept and use of social networks. In: MITCHELL, J. *Social networks in urban situations*: analysis of personal relationships in central Africa towns. Manchester: Manchester University, 1969.

MÜLLER-SEITZ, G.; GÜTTEL, W. Toward a choreography of congregating: a practice-based perspective on organizational absorptive capacity in a semiconductor industry consortium. *Management Learning*, v. 45, n. 4, p. 477-497, 2013.

NALEBUFF, B. J.; BRANDENBURGER, A. M. *Co-opetição*. Rio de Janeiro: Rocco, 1989.

NASH, J. F. Jr. Equilibrium points in a n-person games. *Proceedings of the National Academy of Sciences of the United States of America*, v. 36, n. 1, p. 48-49, 1950.

NOHRIA, N. Is a network perspective a useful way of studying organizations? In: NOHRIA, N.; ECCLES, R. G. *Networks and organizations*: structure, form, and action. Cambridge: Harvard University, 1992.

NOHRIA, N.; ECCLES, R. G. *Networks and organizations*: structure, form and action. Boston: Harvard Business School, 1992. cap. 5.

NONAKA, I.; TAKEUCHI, H. *Criação de conhecimento na empresa*. Rio de Janeiro: Campus, 1997.

NONAKA, I.; TOYAMA, R. E.; KONNO, N. SECI, Ba and leadership: a unified model of dynamic knowledge creation. In: LITTLE, S. E.; QUINTAS, P.; RAY, T. *Managing knowledge: an essential reader*. London: Sage, 2002.

NONAKA, I.; VON KROGH, G.; VOELPEL, S. Organizational knowledge creation theory: evolutionary paths and future advances. *Organization Studies*, v. 27, n. 8, p. 1179-1208, 2006.

NOOTEBOOM, B. *Inter-firm collaboration, learning and networks*: an integrated approach. London: Routledge, 2004.

OBSTFELD, D. Social networks, the *Tertius Iungens* orientation, and involvement in innovation. *Administrative Science Quarterly*, v. 50, n. 1, p. 100-130, 2005.

OLIVER, A. L.; EBERS, M. Networking network studies: an analysis of conceptual configurations in the study of inter-organizational relationships. *Organization Studies*, v. 19, n. 4, p. 549-583, 1998.

OLIVER, C. Determinants of interorganizational relationships: Integration and future directions. *Academy of Management Review*, v. 15, n. 2, p. 241-265, 1990.

OLSON, M. *A lógica da ação coletiva*. São Paulo: EDUSP, 1999.

OSCAR, N. Fazer fora ficou caro. *Revista Exame*, 28 nov. 2011. Disponível em: <http://exame.abril.com.br/revista-exame/edicoes/1005/noticias/fazer-fora-ficou-caro>. Acesso em: 14 jan. 2016.

OSCAR, N. Mais influentes. *Estadão*, 7 ago. 2012. Disponível em: <http://economia.estadao.com.br/noticias/geral,mais-influentes,122272e>. Acesso em: 13 jan. 2016.

PARQUE Chuí devolve ao RS o título de maior complexo eólico da América Latina. *Zero Hora*, 4 maio 2014. Disponível em: <http://zh.clicrbs.com.br/rs/noticias/economia/noticia/2014/05/parque-chui-devolve-ao-rs-o-titulo-de-maior-complexo-eolico-da-america-latina-4491550.html>. Acesso em: 11 jan. 2016.

PEREIRA, B. A. D.; PEDROZO, E. A. Contribuições à consolidação da teoria estratégica interorganizacional: uma análise dos relacionamentos horizontais. *Revista de Administração Contemporânea*, v. 9, n. 4, p. 141-161, 2005.

PEREIRA, R. C. F. Marketing em redes de cooperação: um estudo de caso na Redemac. In: VERSCHOORE, J. R. *Redes de cooperação*: uma nova organização de pequenas e médias empresas no Rio Grande do Sul. Porto Alegre: FEE, 2004. p. 201-224.

PERROW, C. Small-firms networks. In: NOHRIA, N.; ECCLES, R. G. *Networks and organizations*: structure, form, and action. Cambridge: Harvard University, 1992.

PERUCCI, R.; POTTER, H. R. *Networks of power*. Berlin: de Gruyter, 1989.

PERUCIA, A.; BALESTRIN, A.; VERSCHOORE, J. R. Coordenação das atividades produtivas na indústria brasileira de jogos eletrônicos: hierarquia, mercado ou aliança? *Produção*, v. 21, n. 1, p. 64-75, 2011.

PFEFFER, J.; SALANCIK, G. R. *The external control of organizations*: a resource dependence perspective. New York: Harper & Row, 1978.

PINHEIRO, A. *Fiat Mio, the World's First Crowdsourced Car.* Victoria: Idea Connection, 2014. Disponível em: <http://www.ideaconnection.com/open-innovation-success/Fiat-Mio-the-World's-First-Crowdsourced-Car-00273.html>. Acesso em: 15 jan. 2016.

PIORE, M.; SABEL, C. *The second industrial divide.* New York: Basic Books, 1984.

POETZ, M. K.; SCHREIER, M. The value of crowdsourcing: can users really compete with professionals in generating new product ideas? *Journal of Product Innovation Management*, v. 29, n. 2, p. 245-256, 2012.

POLANYI, M. *The tacit dimension.* New York: Doubleday and Co., 1966.

PORTAL MOVELEIRO. *SEBRAE/RS e Redlar levarão 10 empresários para a Movelpar 2015.* Florianópolis: Portal Moveleiro, 2015. Disponível em: <http://conteudo.portalmoveleiro.com.br/visualiza-noticia.php?cdNoticia=26935>. Acesso em: 14 jan. 2016.

PORTER, M. *Estratégia competitiva.* Campus: Rio de Janeiro, 1986.

POWELL, W. W. Hybrid organizational arrangements: new forms or transitional development? *California Management Review*, v. 30, n. 1, p. 67-87, 1987.

POWELL, W. W. Learning from collaboration: knowledge and networks in the biotechnology and pharmaceutical industries. *California Management Review*, v. 40, n.3, p. 228-2140, 1998.

POWELL, W. W. Neither market nor hierarchy: network forms of organization. *Research in Organizational Behavior*, v. 12, p. 295-336, 1990.

POWELL, W. W.; KOPUT, K. W.; SMITH-DOERR, L. Interorganizational collaboration and the locus of innovation: networks of learning in biotechnology. *Administrative Science Quarterly*, v. 41, n. 1, p. 116-145, 1996.

PRAHALAD, C. K. HAMEL, G. The core competence of the corporation. *Harvard Business Review*, p. 79-91, May-June 1990.

PRAHALAD, C. K; RAMASWAMY, V. *O Futuro da competição*: como desenvolver diferenciais inovadores em parcerias com clientes. Rio de Janeiro: Elsevier, 2004.

PROVAN, K. G. The Federation as an Interorganizational Linkage Network. *Academy of Management Review*, v. 8, n. 1, p. 79-89, 1983.

PROVAN, K. G.; FISH, A.; SYDOW, J. Interorganizational networks at the network level: a review of the empirical literature on whole networks. *Journal of Management*, v. 33, n. 3, p. 479-516, 2007.

PROVAN, K. G.; KENIS, P. Modes of network governance and implications for network management. In: THE EUROPEAN GROUP FOR ORGANIZATION STUDIES COLLOQUIUM, 21., 2005. Annals... [S. l.: s. n.], 2005.

REDE SMART. *Site.* [S. l.: s. n.], 2014. Disponível em: <http://www.redesmart.com.br/>. Acesso em: 14 jan. 2016.

RICHARDSON, G. B. The organisation of industry. *Economic Journal*, v. 82, n. 327, p. 883-896, 1972.

RIDLEY, M. *The origins of virtue.* London: Viking, 1996.

ROTHWELL, R. Industrial innovation: success, strategy, trends. In: DODGSON, M.; ROTHWELL, R. *The handbook of industrial innovation.* Cheltenham: Edward Elgar, 1995.

SACOMANO NETO, M.; TRUZZI, O. M. S. Configurações estruturais e relacionais da rede de fornecedores: uma resenha compreensiva. *RAUSP: Revista de Administração*, v. 39, n. 3, p. 255-263, 2004.

SCHERMERHORN, J. R. Determinants of interorganizational cooperation. *Academy of Management Journal*, v. 18, n. 4, p. 846-856, 1975.

SCHULTZE, U.; LEIDNER, D. E. Studying knowledge management in information systems research: discourses and theoretical assumptions. *MIS Quarterly*, v. 26, n. 3, p. 213-242, 2002.

SCHUMPETER, J. *The theory of economic development*: an inquiry into profits, capital, credit, interest and the business cycle. Cambridge: Harvard University, 1934.

SEGALLA, A. O triunfo da Toyota. *Época Negócios*, ed. 2, 4 abr. 2007. Disponível em: <http://epocanegocios.globo.com/Revista/Epocanegocios/0,,EDG76927-8382-2,00.html>. Acesso em: 12 jan. 2016.

SEGATTO-MENDES, A. P.; MENDES, N. Cooperação tecnológica universidade-empresa para eficiência energética: um estudo de caso. *Revista de Administração Contemporânea*, v. 10, n. spe, p. 53-75, 2006.

SEGATTO-MENDES, A. P.; ROCHA, K. C. Contribuições da teoria de agência ao estudo dos processos de cooperação tecnológica universidade-empresa. *RAUSP: Revista de Administração*, v. 40, n. 2, p. 172-183, 2005.

SERVIÇO BRASILEIRO DE APOIO ÀS MICRO E PEQUENAS EMPRESAS. *Casos de sucesso de redes e centrais de negócios*. Brasília: SEBRAE, 2014.

SERVIÇO BRASILEIRO DE APOIO ÀS MICRO E PEQUENAS EMPRESAS. Grupo Martins: atenção aos pequenos negócios. *Revista Conhecer*, n. 21, p. 50-53, 2014.

SERVIÇO BRASILEIRO DE APOIO ÀS MICRO E PEQUENAS EMPRESAS. *Mapeamento das centrais e redes de negócios 2011*. Brasília: SEBRAE, 2012.

SIMMEL, G. The triad. In: WOLFF, K. H. (Ed.). *The sociology of Georg Simmel*. Glencoe: Free, 1950.

SIMÕES, R. O inimigo virou sócio na busca por novos resultados. *Revista Exame*, 27 jun. 2012. Disponível em: <http://exame.abril.com.br/revista-exame/edicoes/1019/noticias/o-inimigo-virou-socio-na-busca-por-novos-resultados>. Acesso em: 11 jan. 2016.

SNOW, C. C.; THOMAS, J. B. Building networks. Broker roles and behaviors. In: LORANGE, P. et al. *Implementing strategic processes*: change, learning and co-operation. Oxford: Blackwell, 1993.

STORPER, M. *The regional world*: territorial development in a global economy. New York: Guilford, 1997.

TAPSCOTT, D.; WILLIAMS, A. D. *Wikinomics*: como a colaboração em massa pode mudar o seu negócio. Rio de Janeiro: Nova Fronteira, 2007.

TAUHATA, T. L.; MACEDO-SOARES, T. D. L. V. A. Redes e alianças estratégicas no Brasil: caso CVRD. *RAE-Eletrônica (FGV)*, v. 3, n. 1, art. 4, 2004.

TEECE, D. Economies of scope and the scope of enterprise. *Journal of Economic Behavior & Organization*, v. 1, n. 3, p. 223-247, 1980.

THOMPSON, G. F. *Between hierarchies and markets*: the logics and limits of network forms of organization. Oxford: Oxford University, 2003.

TODEVA, E. *Business networks*: strategy and structure. London: Routledge, 2006.

VAN DER MEER, H. Open innovation – The Dutch treat: challenges in thinking in business models. *Creativity and Innovation Management*, v. 16, n. 2, p. 192-202, 2007.

VERSCHOORE, J. et al. Concepções teóricas e verificações empíricas sobre a cooperação entre firmas no Brasil: uma introdução ao fórum alianças estratégicas e redes de alianças. *RAM: Revista de Administração Mackenzie*, v. 15, n. 3, p. 14-20, 2014.

VERSCHOORE, J. R. Redes de cooperação: concepções teóricas e verificações empíricas. In: VERSCHOORE, J. R. *Redes de cooperação*: uma nova organização de pequenas e médias empresas no Rio Grande do Sul. Porto Alegre: FEE, 2004.

VERSCHOORE, J. R.; BALESTRIN, A. Fatores relevantes para o estabelecimento de redes de cooperação entre empresas do Rio Grande do Sul. *RAC*, v. 12, n. 4, p. 1043-1069, 2008a.

VERSCHOORE, J. R.; BALESTRIN, A. Ganhos competitivos das empresas em rede de cooperação. *RAUSP: Revista de Administração Eletrônica*, v. 1, n. 1, art. 2, 2008b.

VERSCHOORE, J. R.; BALESTRIN, A. A associação em redes de cooperação influencia os resultados de pequenas e médias empresas? *Ciências Sociais Unisinos*, v. 46, n. 1, p. 105-115, 2010.

VINDING, A. L. Absorptive capacity and innovative performance: a human capital approach. *Economics of Innovation and New Technology*, v. 15, n. 4-5, p. 507-517, 2006.

VON HIPEL, E. *Democratizing innovation*. Cambridge: MIT, 2005.

VON NEUMANN, J.; MORGENSTERN, O. *Theory of games and economic behavior*. Princeton: Princeton University, 1953.

WAARDEN, F. V. Emergence and development of business interest associations. an example from the Netherlands. *Organization Studies*, v. 13, n. 4, p., 521-561, 1992.

WASSERMAN, S.; FAUST, K. *Social network analysis*: methods and applications. Cambridge: Cambridge University, 1994.

WELLMAN, B.; BERKOWITZ, S. *Social structures*: a network approach. Cambridge: Cambridge University, 1988.

WHITT, A. Can capitalists organize themselves? In: DOMHOFF, G.W. (Ed.). *Power structure research*. Beverly Hills: Sage, 1980.

WILLIAMSON, O. E. *Markets and hierarchies*: analysis and antitrust implications. New York: Free, 1975.

WILLIAMSON, O. E. *The economic institutions of capitalism*. New York: Free, 1985.

WILLIAMSON, O. E. The modern corporation. In: PUGH, D. S. *Organization theory*: selected readings. 4th ed. London: Penguin Books, 1997.

YOSHINO, M. Y.; RANGAN, U. S. *Alianças estratégicas*. São Paulo: Makron Books, 1996.

ZEFFANE, R. The widening scope of inter-organizational networking: economic, sectoral and social dimensions. *Leadership and Organization Development Journal*, v. 16, n. 4, p. 26-33, 1995.

Leituras recomendadas

GRANOVETTER, M. Ação econômica e estrutura social: o problema da imersão. *RAE-Eletrônica (FGV)*, v. 6, n. 1, art. 9, 2007.

NONAKA, I. E.; NISHIGUCHI, T. *Knowledge emergence*. New York: Oxford, 2001.

VERSCHOORE, J. R.; BALESTRIN, A. Competitive factors of cooperation networks: a quantitative study of a Southern Brazilian case. In: THE EUROPEAN GROUP FOR ORGANIZATION STUDIES COLLOQUIUM, 22., 2006. *Annals...* Bergen: [s. n.], 2006.

WATERS, R.; LARSEN, P. T. Setback for Disney as alliance with Pixar ends. *Financial Times*, 20 Jan. 2004.

Índice

b: box; f: figura; q: quadro; t: tabela

A

Acúmulo de capital social, 103-105
Aprendizagem coletiva *ver* Conhecimento

B

Balonè, 15-16b
Base, 64-66b
Bic, 15-16b

C

Capital social, acúmulo de, 103-105
Capitalismo gerencial, surgimento do, 4-7
Competição e cooperação, 25-26
Complexo Eólico Campos Neutrais, 48-49b
Conhecimento, 107-116
  conhecimento organizacional, 108-110
    abordagens normativa e interpretativa, 109q
    criação de, 109-110
  redes de cooperação e aprendizagem coletiva, 111-116
    espiral de criação do conhecimento, 112f
  redes e capacidade absortiva das empresas associadas, 110-111
Consórcios de empresas, 73-75, 80q
  estruturas dos consórcios, 74f
Cooperação, redes de, 51-67, 135-156
  estabelecimento de, 135-146, 168f
    condições para, 136f
    interação, 138-146
    objetivos comuns, 136-138
  gestão de, 147-169
    instrumentos, 157-169
      contratuais, 158-160
      de integração, 163-169
      de tomada de decisão, 162-163, 164q
      estratégicos, 160-161
    modelos, 148-152
      a partir da auto-organização, 148f
      a partir de empresa líder, 149f
      a partir de entidade administrativa autônoma, 150f
    relevância, 147-148
    versus gestão da empresa tradicional, 152-156
  rede de cooperação empresarial, 53-61
    como campo de estudo, 56-61
      principais abordagens nos estudos, 58q
    formas de coordenação das atividades econômicas, 56q
  surgimento do fenômeno das redes, 51-53
  tipologias de redes, 61-67
    centralizadas, 62-63
    descentralizadas, 63
    formais, 63
    informais, 63-64
    mapa conceitual das redes, 62f
Cooperação entre organizações, 13-23, 39-49
  Dilema dos Prisioneiros, 18-23
    decisão estratégica dominante, 19q
    Equilíbrio de Nash, 21q
    possíveis resultados, 18q
    teoria dos jogos, 17
  por meio de díades e tríades, 39-49
    díades, 39-44
    tríades, 44-49
      com buraco estrutural, 45f
      sem buraco estrutural, 45f
      tipos de intermediação, 47f

Criação de conhecimento, 109-110, 112f
Custos, 29-31, 101-103
   de transação (CT), 29-31
   e riscos, redução de, 101-103
Cyrela, 167-168b

D

Decisão estratégica dominante, 19q
Desertec, 74-75b
Díades, 39-44
Dilema dos Prisioneiros, 18-23
   decisão estratégica dominante, 19q
   Equilíbrio de Nash, 21q
   possíveis resultados, 18q
Disney, 41-42b

E

Equilíbrio de Nash, 21q
Escala e poder de mercado, 96-100
Espiral de criação do conhecimento, 112f
Estratégias coletivas, 25-37
   competição e cooperação, 25-26
   perspectiva da estrutura da indústria, 26-27
   perspectiva dos custos de transação, 29-31
   perspectiva emergente, 31-35
     matriz CPC, 33f
   Visão Baseada em Recursos (VBR), 27-29
Estrutura relacional de uma rede, 140f

F

Fazenda Marinha Atlântico Sul, 15-16b
Fiat Mio, 128-130b

G

Ganhos competitivos, 95-105
   acúmulo de capital social, 103-105
   escala e poder de mercado, 96-100
   geração de soluções coletivas, 100-101
   redução de custos e riscos, 101-103
Geração de soluções coletivas, 100-101
Gestão de redes de cooperação, 147-169
   instrumentos, 157-169
     contratuais, 158-160
     de integração, 163-169
     de tomada de decisão, 162-163, 164q
     estratégicos, 160-161

I

IBM, 35-36b
IGA, 86-87b
Imaginarium, 15-16b
Inovação colaborativa, 117-131
   evolução do processo de inovação, 120-122
     primeira geração, 120
     quarta geração, 121
     quinta geração, 121-122
     segunda geração, 121
     terceira geração, 121
   inovação aberta, 124-131
     inovação aberta x inovação fechada, 126q
   inovação no contexto das organizações, 118-120
     tipologias, 119f
   inovação no contexto das redes, 123-124, 128-130b
Instrumentos para a gestão de redes de cooperação, 157-169
   contratuais, 158-160
   de integração, 163-169
   de tomada de decisão, 162-163, 164q
   estratégicos, 160-161
Intersport, 64-66b

L

Love Brands, 15-16b

M

Matriz CPC, 33f

N

Nash, equilíbrio de, 21q

P

Perspectiva da estrutura da indústria, 26-27
Pixar, 41-42b
Poder de mercado, 96-100
Programa Redes de Cooperação (PRC), 87-91
Puket, 15-16b

R

Rede Costa Esmeralda, 97-99b

Rede de conselheiros das empresas brasileiras, 144-145b
Rede do Campo, 97-99b
Rede Entreflores, 97-99b
Rede LabForte, 76-77b
Rede Mix Bahia, 97-99b
RedePrint RS, 97-99b
Rede Smart, 151-152b
Rede Suprema de Supermercados, 97-99b
Redes associativas, 75-80, 80q
   estrutura das redes, 78f
Redes como novo modelo organizacional, 81-91
   características, 83-84
   formação, 84-87
   promoção das redes no RS, 87-91
Redes de cooperação, 51-67, 135-156
   estabelecimento de, 135-146, 168f
      condições para, 136f
      interação, 138-146
      objetivos comuns, 136-138
   gestão de, 147-169
      instrumentos, 157-169
         contratuais, 158-160
         de integração, 163-169
         de tomada de decisão, 162-163, 164q
         estratégicos, 160-161
      modelos, 148-152
         a partir da auto-organização, 148f
         a partir de empresa líder, 149f
         a partir de entidade administrativa autônoma, 150f
      relevância, 147-148
      versus gestão da empresa tradicional, 152-156
   rede de cooperação empresarial, 53-61
      como campo de estudo, 56-61
         principais abordagens nos estudos, 58q
         formas de coordenação das atividades econômicas, 56q

surgimento do fenômeno das redes, 51-53
tipologias de redes, 61-67
   centralizadas, 62-63
   descentralizadas, 63
   formais, 63
   informais, 63-64
   mapa conceitual das redes, 62f
Redes de fornecimento, 69-73, 80q
   estrutura das redes, 71f
RedLar, 113-115b
Redução de custos e riscos, 101-103

S

Soluções coletivas, geração de, 100-101
Souza Cruz, 15-16b

T

Teoria dos jogos, 17
Tomada de decisão, 162-163, 164q
Toyota, 71b
Transformações econômicas, 3-12
   do século XX, 3-4
   nova competição, 7-12
   surgimento do capitalismo gerencial, 4-7
      eficiência da produção do modelo Ford T, 5f
Tríades, 44-49
   com buraco estrutural, 45f
   sem buraco estrutural, 45f
   tipos de intermediação, 47f
Twinner, 64-66b

V

Visão Baseada em Recursos (VBR), 27-29

Z

Zara, 10-11b

IMPRESSÃO:

Santa Maria - RS - Fone/Fax: (55) 3220.4500
www.pallotti.com.br